MENTES DEPRESSIVAS

Ana Beatriz Barbosa Silva
com a colaboração de Dra. Lya Ximenez

MENTES DEPRESSIVAS
as três dimensões da doença do século

principium

Texto fixado conforme as regras do Novo Acordo Ortográfico da Língua Portuguesa
(Decreto Legislativo nº 54, de 1995)

Editora responsável: Camila Werner
Editor assistente: Lucas de Sena Lima
Assistente editorial: Milena Martins
Preparação de texto: Luciana Garcia
Revisão de texto: Laila Guilherme e Jane Pessoa
Projeto gráfico: Mateus Valadares
Diagramação e capa: Diego de Souza Lima
Ilustrações: Erika Onodera
Imagens da capa: Elisabeth Ansley/Trevillion Images

1ª edição, 2016
2ª reimpressão, 2017

CIP-BRASIL. CATALOGAÇÃO NA PUBLICAÇÃO
SINDICATO NACIONAL DOS EDITORES DE LIVROS, RJ

S578m
   Silva, Ana Beatriz Barbosa
    Mentes depressivas : as três dimensões da doença do século / Ana
Beatriz Barbosa Silva. - 1. ed. - São Paulo : Pricipium, 2016.

   : il.
   ISBN 978-85-2506-292-5

   1. Depressão mental. 2. Psicanálise. I. Título.
                                       CDD: 616.8527
16-36287   CDU: 616.891.6

Direitos de edição em língua portuguesa para o Brasil
adquiridos por Editora Globo S.A.
Av. Nove de Julho, 5229 – 01407-907 – São Paulo / SP
www.globolivros.com.br

Sumário

Dedico este livro a minha tia Martha, que nos deixou esse ano de forma tão inesperada. Gratidão por tudo que você me ensinou sobre a importância da espiritualidade nessa vida tão material.

Agradeço a todas as pessoas que contribuíram para que *Mentes depressivas* se tornasse realidade em tão pouco tempo.

Meus agradecimentos especiais a Camila Werner, Lya Ximenez, Mauro Palermo e Simone Halfpap.

O luto, a tristeza e a ansiedade são reações necessárias e salutares diante das perdas. No entanto, se a dor começa a se estender por um tempo e se mantém de maneira intensa e incapacitante, tenderá a transformar-se num quadro de depressão.

1
TRISTEZA × DEPRESSÃO

A vida tem lá os seus mistérios! Eu sempre ouvia minha avó Maria dizer isso quando algo inesperado acontecia na família. A primeira vez que me lembro de ela ter dito isso de forma clara e organizada foi quando minha prima Alice, na época com quinze anos, desapareceu num sábado durante as férias de verão. Eu, na pequena estatura dos meus seis anos, não conseguia entender o porquê de tanta gente na casa da vovó: tios, tias, primos e um senhor de terno, gravata afrouxada, cabelo com brilhantina, cigarro constante no canto esquerdo da boca e cara de salvador da pátria. Logo descobri que ele era um delegado amigo do meu tio Nestor, pai de Alicinha. Os adultos falavam alto, e minha avó, ajoelhada diante do altar do seu quarto, rezava em voz baixa com uma vela acesa que queimava rapidamente, como se soubesse que a família inteira tinha pressa em saber onde Alice se encontrava. O telefone fixo (naquela época, um luxo doméstico) tocou, e, num pulo, tio Nestor atendeu e disse: "Minha filha, onde você está? Fale comigo, eu exijo que você fale agora!". Minha avó discretamente pegou o telefone da mão do meu tio e falou: "Alice, minha querida, você está com o Marquinhos? Sim, vovó entende o seu amor, e vamos tratar de oficializar esse namoro assim que vocês retornarem. Tudo vai ser resolvido, venha para a casa de vovó com seu namorado, e aqui oficializaremos seu noivado. Tá, você me liga em uma hora para dizer onde estão e quando estarão de volta, o.k.?".

Todos disseram aos gritos que vovó era maluca, que deveria ter ameaçado o casal, dito que a polícia estava atrás deles e que o tal Marquinhos seria preso por sequestro e abuso de menor. Era um chororô danado. Minha avó foi para o quintal e, embaixo do pé de amêndoas, colocou sua cadeira de balanço e me chamou para o seu colo. Entre uma balançada e outra, começou a cantar baixinho uma música que fazia muito sucesso na época: "E na vida a gente tem que entender/ que um nasce pra sofrer enquanto o outro ri...".

Eu estava louca para perguntar o que era "sequestro" e "abuso de menor", mas a paz daquele momento me calou com seu aconchego. Ali, no colo da minha avó, nada de mau poderia acontecer; tudo era paz e proteção.

Uma hora depois, Alice telefonou e disse para vovó que eles estavam em uma cidade chamada Pindamonhangaba, e meu pai e meu avô foram buscá-los. No domingo, todos almoçamos juntos. Alice e Marquinhos já eram oficialmente namorados e pré-noivos, para o desgosto do meu tio Nestor, que permaneceu calado a pedido de sua mãe, com cara de poucos amigos. Três meses depois, Alice e Marquinhos desfizeram o namoro por conta própria, e tudo voltou ao normal. Perguntei para minha avó o que era "sequestro" e "abuso", e ela respondeu: "Você terá muito tempo para aprender isso. O mais importante é aprender que na vida tudo passa, os bons e os maus momentos, e que só não há solução para morte".

Três anos depois, faltando vinte dias para o meu aniversário de nove anos, a vida para mim era só alegria. Eu estava em uma escola nova que havia escolhido, tinha novos amigos, papai tinha comprado um Corcel marrom, a festa do meu aniversário já estava sendo preparada e reuniria toda a família na casa da vovó. O que mais eu poderia querer da vida? Pais amorosos, uma irmã que fazia tudo para mim, ser a caçula dos catorze netos... Eu era literalmente a imagem e semelhança da minha avó, e sentia que o amor dela por mim me fazia não temer nada nem ninguém. Eu era plenamente feliz no auge dos meus quase nove anos.

Na semana que se iniciou no domingo, dia 7 de março de 1976, a vida me sorriu com tamanha generosidade que eu me sentia uma pessoa de muita sorte. Na terça, dia 9, falei com minha avó por telefone, como fazia sempre às sete da manhã e às cinco da tarde, religiosamente, todos os dias, e ela disse que deitaria mais cedo, pois estava com uma leve tontura e dor de cabeça. Na quarta, dia 10, meus pais não foram trabalhar e foram visitar minha avó. Perguntei se eu poderia ir, e eles responderam que eu ficasse em casa estudando, pois na quinta-feira eu teria prova de geografia e história e precisava tirar boas notas na nova escola.

Na quinta, dia 11, cheguei em casa depois do colégio e novamente meus pais estavam em casa, dessa vez esperando por nós. Quando minha irmã também chegou, eles pediram que trocássemos nossas roupas, pois iríamos para a casa da vovó Maria. Algo diferente estava acontecendo: fazíamos isso aos domingos, e não às quintas. Não perguntei nada. No carro, um silêncio incomodativo, e em vinte minutos chegamos ao nosso destino: muita gente no portão, uns abraçados, outros sozinhos, mas todos choravam. Lembro-me de que não falei com ninguém; passei rápido entre todos e corri para o quarto da minha avó. Na porta do quarto deparei com minha avó deitada, com as mãos cruzadas sobre a barriga e minha tia Zezé chorando e falando muito ao pé do ouvido esquerdo dela. Eu me sentei do lado direito da cama da vovó e ali fiquei por um bom tempo, olhando-a quietinha, como se estivesse dormindo calmamente com um leve sorriso na face. Por alguns bons minutos éramos só eu e ela; tudo ao redor ficou turvado pelas gotas salgadas que insistiam em cair dos meus olhos. Naquela noite eu entendi que a morte é o sequestro da vida, e que perder alguém que se ama muito é um abuso doloroso da vida. E que a dor da perda afetiva é uma dor diferente de todas as outras dores físicas: ela dói no fundo, mas no fundo tão fundo que a gente fica perdido por um tempo até reencontrar o caminho de volta.

Durante os dez dias seguintes, vivi uma sensação de que tudo não tinha passado de um sonho ruim, e uma espécie de anestesia emocional tomou conta de mim. Aos poucos, fui retornando à minha rotina de estudos e às brincadeiras com os amigos; a tristeza estava comigo todo o tempo, mas, se tudo tinha solução, como minha avó me ensinara, eu aprenderia a fazer tudo com a companhia da tristeza. De alguma forma, eu sabia que era isso que ela esperava de mim. E assim fui tocando a vida, mas sempre com um sorriso nos lábios, pois era como ela gostava de me ver. Hoje, aos cinquenta anos, ainda choro ao me lembrar daquele dia, porém meu choro não é mais de desespero ou perplexidade; é de alegria de ter sido neta, por oito anos, onze meses e vinte dias, da melhor avó do mundo. As lembranças felizes são infinitamente maiores e mais poderosas do que aquelas 48 horas de março de 1976, e delas me abasteço todos os dias. Devo confessar que, diariamente, ainda falo em pensamentos com a minha avó; peço conselhos, divido dores e alegrias e um pouco do meu dia a dia. Mas fiquem tranquilos, pois nunca "ouvi" a voz dela me respondendo! Ao menos não em forma de vozes ou visões. No entanto, de uma maneira que eu não saberia explicar, a vida sempre me trouxe as respostas que para ela direcionei. "A vida tem lá os seus mistérios!"

Quando enfrentamos uma grande perda, como foi para mim a morte da minha avó, ou de alguém que perde um cônjuge de forma inesperada ou vitimado por uma longa e dolorosa doença, é absolutamente natural e previsível que tenhamos sintomas depressivos como insônia, dificuldade de nos concentrar nas ações cotidianas, inapetência, sentimentos de culpa pelo que deixamos de fazer pela pessoa, perda de apetite, falta de vontade de participar de atividades sociais etc. Nesses casos, a presença desses sintomas não pode caracterizar um comportamento anormal. Pelo contrário, eles são normais e fazem parte do período de luto que todos vivenciamos quando somos submetidos a uma grande perda. O fato de ser normal e previsível não invalida a dor nem o sofrimento que nos acomete nesses momentos. No entanto, viver esse luto é necessário e saudável, pois é ele que nos reabastece para que algum tempo depois possamos recuperar nossas forças e seguir em frente na difícil e fascinante tarefa de escrever a nossa vida.

O luto normal geralmente apresenta algumas etapas: a negação, a adaptação e a aceitação. A negação é típica dos primeiros dias após a perda e costuma se apresentar para a pessoa como se ela estivesse vendo um filme, e não a sua vida real. A dificuldade em acreditar na perda ocorrida faz com que muitas pessoas se sintam anestesiadas ou entorpecidas. Pode haver um isolamento com muito choro ou um intenso tomar de ações, como providenciar os papéis e os demais trâmites do funeral. No entanto, tudo é feito de forma automática, como se a pessoa estivesse vivendo uma realidade distante da sua própria.

Se tudo acontecer como o esperado, esse entorpecimento (torpor) ou isolamento dá lugar a uma vivência da realidade, muitas vezes com a presença de alguns sintomas depressivos, como já mencionados acima. Paulatinamente, vamos retomando nossas atividades profissionais, sociais e familiares. Algumas pessoas são capazes de transformar a dor do luto em luta proativa, participando de grupos que buscam justiça e mudanças sociais importantes. Um exemplo típico e profícuo dessa situação são as pessoas que perdem seus entes queridos vítimas de assassinatos, acidentes automobilísticos, chacinas etc. Outras ainda passam a se dedicar a causas de caridade relacionadas à pessoa que morreu ou a se entregar de forma integral ao trabalho. Todas essas reações mostram uma necessidade de preencher o mais rápido possível o vazio deixado pela pessoa perdida.

Não podemos esquecer que existem situações de luto que não envolvem a perda propriamente dita de pessoas amadas, e sim perdas pessoais relacionadas à saúde ou às capacidades funcionais. Como quando uma pessoa sofre um acidente e fica paraplégica, ou quando se perde a autonomia cotidiana durante o tratamento de uma doença grave. Essas pessoas são tomadas por sentimentos de vergonha e desmoralização. Sintomas depressivos são comuns aqui também – mais especificamente, a desesperança, a baixa autoestima e a sensação de desespero ocasionadas pela perda do controle da própria vida. Esses sintomas costumam diminuir ou mesmo desaparecer quando os tratamentos de reabilitação começam a produzir seus primeiros efeitos e criam um mínimo de autossuficiência ante a nova realidade da vida.

Durante o luto, a tristeza e a ansiedade são reações necessárias e salutares diante das perdas, sejam elas de qualquer dimensão e natureza. Não existem dores maiores ou menores, e somente cada um sabe a dor que sente em sua alma. No entanto, existe um tempo médio, algo em torno de dois meses, para que a dor do luto seja considerada normal e saudável. Se essa dor começa se estender por um longo tempo e se mantém de maneira intensa e incapacitante, ela terá grandes chances de, lentamente, transformar-se em um quadro de depressão clínica. Nesse caso, todos os sintomas tendem a se intensificar e impossibilitar os portadores de exercer suas atividades sociais, familiares e profissionais. Uma vez instalada a depressão, as possibilidades de uma melhora espontânea, ou seja, sem tratamento médico e/ou psicoterápico, tornam-se bastante reduzidas.

Um aspecto simples de avaliar na distinção entre a tristeza normal e a depressão clínica de fato é a autoestima da pessoa. Quando as pessoas estão vivenciando uma tristeza normal ou "fisiológica", apresentam pensamentos negativos sobre a sua perda, mas não se veem incapazes de tocar a vida no presente nem no futuro. Elas percebem que seus planos terão que ser refeitos, mas continuam com a capacidade de realizá-los. De forma diversa, as pessoas com depressão de fato são dominadas completamente por pensamentos negativos que englobam sua autoimagem, todos os aspectos do presente e suas possibilidades para o futuro. Esses pensamentos são de tal monta que o sentimento de desesperança é total, a ponto de ficarem paralisadas. Para elas, nada mais de bom será possível acontecer, pois acreditam ser incapazes de tomar decisões acertadas ou de se relacionar com outras pessoas que possam ajudá-las. Por todos os ângulos da vida, o deprimido se sente uma pessoa desprezível e perdedora.

É importante salientar também que qualquer pessoa, independentemente de perdas significativas, pode se sentir triste de vez em quando. Sabe aqueles dias em que tudo parece "conspirar" contra você? Você desce à garagem, e o pneu do carro está arriado; então tenta sacar dinheiro no caixa eletrônico para pegar um táxi, e a máquina engole seu cartão; você chega atrasado ao trabalho, e o ar-condicionado está apenas ventilando, com a temperatura beirando os 35°C... Diante de tudo isso, você fica pessimista, estressado e acha que nada mais dará certo naquele dia. O.k., se você pensar assim, é natural. Mesmo que nada de errado aconteça, você também pode ocasionalmente se sentir chato e rabugento; desde que continue a levar sua vida, dando conta de seus afazeres, algumas oscilações de estado de espírito podem ser consideradas normais. Não existe um ser humano absolutamente linear em seus estados de ânimo; isso, sim, seria uma grande anormalidade: alguém incapaz de se entristecer. Para um robô, essa pode ser uma realidade, mas para nós, seres humanos, não. De certa forma, essa imperfeição humana é responsável pela nossa capacidade de transcendência e adaptação, o que nos conduziu ao topo da hierarquia entre as espécies animais na Terra. Pelo lado individual, o desejo de autossuperação conduziu e guiou a vida de várias pessoas que deixaram seu nome na história da humanidade, como Mahatma Gandhi, Albert Einstein, Santos Dumont, madre Teresa de Calcutá...

Agora fica claro que, aos nove anos, ao perder minha avó, vivenciei uma tristeza muito grande; no entanto, essa tristeza foi necessária e fisiológica. Hoje tenho certeza de que a precocidade dessa perda e a atitude dos meus pais de me fazer participar de todo o ritual da despedida da vovó Maria foram fundamentais para as minhas posturas afetivas e profissionais, especialmente no que tange à minha capacidade de me colocar no lugar do outro e, por alguns instantes, sentir as dores que o afligem. Dessa forma, pude me aperfeiçoar como médica e como escritora. Hoje sinto, de maneira intuitiva, que, no melhor que consigo fazer, há uma pitada generosa da sabedoria da minha avó e, de vez em quando, me pego pensando: "É, a vida tem lá os seus mistérios". Sempre que isso acontece, percebo que a minha mente se abre para novas percepções e aprendizados. Até quando? Acho que para sempre, e, no meu entender, o para sempre nunca acaba!

Os índices de pessoas acometidas pela depressão estão aumentando. E mais: os quadros clínicos permanecem por um período maior de tempo, com sintomas mais graves, e se iniciam em idades mais jovens.

2
DEPRESSÃO: UMA EPIDEMIA MODERNA

A afirmação de que existe uma epidemia de depressão pode parecer, à primeira vista, um exagero ou uma artimanha da indústria farmacêutica, que deseja ardorosamente comercializar suas pílulas mágicas de felicidade, como se vende pão quentinho recém-saído da fornada matinal. Infelizmente, os índices de pessoas acometidas por quadros de depressão clínica demonstram uma triste e sombria realidade: eles estão aumentando. Pior: permanecem por um período de tempo maior, com sintomas bem mais graves, e se iniciam em idades mais jovens. Ignorar esses fatos não fará com que a depressão desapareça de nossa vida; pelo contrário, sabemos que o desconhecimento e o preconceito contra a doença foram fatores preponderantes para chegarmos à realidade atual.

O ser humano tende a varrer para debaixo do tapete as coisas que teme, como se não pensar em algo tivesse o poder milagroso de produzir imunidade contra suas apreensões. É a velha história de que tudo de ruim está na casa dos vizinhos e, por isso mesmo, só acontece com os outros. Reprimir nossos medos e colocá-los na área mais inacessível da memória, além de não resolver o problema, tende a agravá-lo. Além disso, a falta de informação sobre o assunto impede o diagnóstico mais precoce e, em geral, impossibilita o tratamento adequado e eficaz que livraria o deprimido de um sofrimento crônico e, na maioria das vezes, incapacitante.

A depressão deve ser vista como um problema de saúde pública. Segundo a Associação de Psiquiatria Norte-Americana, cerca de 7% dos norte-americanos sofrem de depressão. É importante frisar que essa prevalência se restringe aos quadros clínicos compatíveis com a depressão clássica. Se levássemos em conta as formas de depressão mais brandas, esses índices poderiam alcançar algo em torno de 25%,[1] ou seja, um quarto dos norte-americanos teria enormes chances de sofrer de algum tipo de depressão em determinado momento da vida.

Quando falamos em depressão, não nos referimos às pessoas que estão passando por momentos de tristeza e que, em poucas semanas, melhorarão espontaneamente, mas sim àquelas cujos sintomas passam a interferir de forma significativa em sua vida, causando sérios prejuízos. A depressão é uma doença clínica que, muitas vezes, pode ser fatal. Mas apesar de ser tão comum, ainda encontramos grandes dificuldades em diagnosticá-la e, dessa forma, reconhecê-la. Sem esse reconhecimento, os tratamentos adequados não podem ser efetuados e, quando o são, costumam começar quando a doença já apresenta certo grau de cronicidade.

O que mais salta aos olhos da comunidade ligada à área de saúde mental é a constatação de que essas elevadas estatísticas não se referem somente ao aumento da depressão, mas ao crescimento significativo do número de pessoas que serão acometidas por ela.[2] Outro dado importante nesse quadro epidêmico é que a doença não é um fenômeno restrito à cultura norte-a-

---

1. P. Waraich et al. "Prevalence and incidence studies of mood disorders: a systematic review of the literature".
2. Gerald M. Klerman e Myrna Weissman. "Increasing rates of depression".

mericana ou típico das sociedades ocidentais: o psicólogo nor-te-americano Daniel Goleman descreve, em um artigo denomi-nado "A rising cost of modernity: depression" [Um custo crescente da modernidade: depressão],[3] que estudos compara-tivos sobre a incidência da depressão clínica em países como Taiwan, Porto Rico e Líbano, entre outros, concluíram que, a cada geração, a depressão tende a se apresentar em idades mais precoces e, ao longo da vida, o risco de ela se manifestar será cada vez mais frequente, e os níveis, gradativamente mais ele-vados. De acordo com o psiquiatra norte-americano Michael E. Thase, se a tendência atual se mantiver, as crianças hoje desen-volverão depressão com idade média de vinte anos, em vez de trinta ou mais, como era observado nas décadas de 1980 e 1990.[4]

Segundo estudos realizados pela Escola de Saúde Pública de Harvard e pela Organização Mundial da Saúde (OMS), a de-pressão ocupa o primeiro lugar em termos de impacto econômi-co em países de renda alta e média, perdendo apenas para as doenças cardíacas e a aids.[5] Além dos gastos pessoais e familia-res com o tratamento propriamente dito, temos que ter em mente que um contingente expressivo de pessoas economica-mente ativas se afasta do emprego, ou até mesmo é demitido, por não ter mais a produtividade de antes ou condições de exercer seu potencial a pleno vapor. O fato de a depressão estar acometendo indivíduos bem mais jovens também retarda o mo-

3. Daniel Goleman. "A rising cost of modernity: depression"; Myrna Weissman et al. "The changing rate of major depression".
4. Michael E. Thase. "Long-term nature of depression".
5. Harvard School of Public Health and World Economic Forum. "The global economic burden of non-communicable diseases", 2011; OMS. "Global burden of disease: 2004 update".

mento em que eles poderiam ingressar no mercado de trabalho, o que causa um buraco na economia de diversos países ao redor do mundo.

Diante desses dados provenientes de estudos da área médica e econômica, fica claro que a depressão é uma doença séria, por vezes grave e bem mais comum do que gostaríamos de admitir. E, apesar de estatísticas tão alarmantes, deparo com algumas indagações: onde estão as grandes campanhas nacionais alertando para esse mal? E as corridas e maratonas contra a depressão, como ocorre com o câncer de mama, por exemplo? Onde estão as fitinhas pretas em apoio aos deprimidos, como observamos em doenças como a aids, o autismo, o câncer de próstata etc.? As respostas para tais perguntas podem ser sintetizadas em uma única palavra: *estigma*. Sim, até hoje existe um enorme estigma associado à depressão por grande parte do público leigo e até mesmo por uma pequena parcela dos profissionais da área da saúde, que ainda veem a depressão como fraqueza ou falha de caráter. Ouso afirmar que esse aspecto constitui a parte mais cruel dessa doença. As pessoas com depressão, em sua maioria, sentem-se envergonhadas e constrangidas por sua condição, o que faz com que a doença adquira um caráter silencioso. Existe uma frase emblemática que os desinformados costumam dizer para os deprimidos: "Isso é coisa da sua cabeça". Convenhamos que essa afirmação para alguém em franco sofrimento soa como se a depressão fosse uma frescura imaginada e que ele não passa de um preguiçoso que fica perdendo tempo com "mimimis" existenciais.

Depressão: uma doença clínica

Cristina, de 31 anos, procurou-me a pedido da família porque tinha dificuldade de dormir havia algum tempo. Sentia-se ansiosa, preocupada e extremamente cansada. Mesmo tão jovem, tinha um cargo alto e importante em uma grande empresa da área de comunicação, cujo trabalho demandava muita responsabilidade, concentração, rapidez e competência para cumprir as metas e os prazos prefixados.

Ainda esbanjando juventude e graça, Cristina me relatou a rotina do trabalho, quanto se preocupava com todos os seus afazeres e que não conseguia se desligar da empresa nem nos fins de semana. Por receio de não conseguir dar conta ou de não se sentir apta ao cargo que exercia, era comum levar trabalho para casa e ficar até tarde da noite debruçada sobre as questões profissionais. No decorrer da nossa conversa e investigação, percebi que aquela jovem mulher estava sem vida social alguma, havia rompido um sólido namoro por puro impulso, não tinha mais paciência com os familiares ou os amigos, e se magoava ou chorava com muita facilidade. Perdera o prazer de ir ao cinema, ao teatro ou à praia, de vivenciar novas experiências ou de apreciar as coisas simples e belas da vida. Como ela mesma me disse: "Acho que a vida não é tão colorida assim; tudo tem um peso tão grande... Parece que apertei o botão do automático e estou me arrastando, mas não sei exatamente pra onde". Por trás daquela aparência de "pau pra toda obra", de quem dava conta de tudo, havia uma pessoa sofrendo e sem motivações ou objetivos concretos para levar a vida de um modo minimamente saudável. Certamente eu estava diante de um quadro de depressão, e era hora de ajudá-la.

Embora seja reconhecida como doença orgânica desde os tempos de Hipócrates, o pai da medicina ocidental, que a denominava de "melancolia", até hoje a depressão permanece como um grande quebra-cabeça incompleto. Apesar de muitas peças já terem sido elucidadas, a maioria delas ainda precisa e deve ser desvendada. De forma didática, podemos afirmar que uma série de fatores se interligam no aparecimento e no desenvolvimento desse transtorno.

Entre eles, estão: a genética, o estresse e as alterações corporais que atingem o cérebro e diversos outros sistemas do organismo. Como será visto no capítulo 4, "A depressão e suas causas", pessoas deprimidas podem apresentar níveis baixos de substâncias cerebrais (neurotransmissores), bem como áreas com reduzida atividade neuronal, responsáveis pelo controle do nosso estado de humor, apetite, sono, sonhos, imunidade, atenção e memória, entre outras funções.

De maneira mais técnica, a depressão pode ser definida como um transtorno mental que altera de modo significativo o humor de seus portadores. A palavra *humor* vem do latim *humorare*, que significa "disposição do ânimo" de alguém. Também é utilizada para definir o seu estado de espírito, e, por essa razão, costumamos afirmar que determinada pessoa está de bom ou mau humor. Para ter uma visão mais ampla sobre os transtornos de humor, é preciso entender que os estados de espírito do ser humano compõem uma espécie de espectro de cores (graduações), no qual cada humor é distinto e, ao mesmo tempo, funde-se com a cor seguinte. Os matizes desse espectro de cores se estendem desde a depressão mais profunda até a mais branda, passam pela tristeza saudável, pelos estados de espírito cotidianos e atingem o humor eufórico aliado a problemas comportamentais.

Elaborei o esquema a seguir para que o leitor tenha um melhor entendimento sobre as nuances dos estados de humor:

ESPECTRO DE CORES DOS ESTADOS DE HUMOR

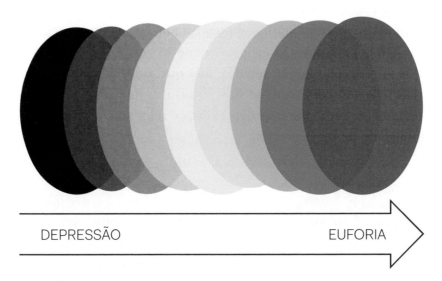

DEPRESSÃO　　　　　　　　　　　EUFORIA

Figura 1. Elaborada pela dra. Ana Beatriz Barbosa Silva.

Entendido isso, podemos facilmente deduzir que os transtornos depressivos são aqueles localizados do lado esquerdo do espectro dos estados de humor ou de espírito; ou seja, os estados de ânimo compatíveis com um humor reduzido ou em baixa. No entanto, a abrangência dos sintomas depressivos se expande para muito além do emblemático humor deprimido.

Descrevo a seguir os quatro blocos sintomáticos da depressão, que, antes de ser um transtorno mental, é uma patologia que afeta o corpo, o cérebro, a mente e até a nossa dimensão espiritual. Sobre esta última, tecerei considerações pessoais pautadas em minha prática clínica no capítulo 11, "Depressão e espiritualidade".

É importante destacar que, na maioria das vezes, os sintomas depressivos são percebidos pelos familiares e pelas pessoas próximas do deprimido bem antes dele mesmo. Somente depois, ou até mesmo dentro do consultório médico e/ou psicológico, é que ele passa a se conscientizar do seu estado. Isso ocorre, em grande parte, pela questão estigmatizante associada ao transtorno que prevaleceu durante séculos, mas que ainda ecoa em nossos dias. Mesmo com extremo desconforto, o indivíduo demora a reconhecer seus sintomas depressivos e reluta em aceitar a possibilidade de ter depressão.

1. Disfunções do humor

O humor depressivo inclui uma série de sentimentos e emoções: o indivíduo sente-se infeliz, desesperançoso, apresenta acessos de choro e níveis bastante reduzidos de autoestima e autoconfiança. Sentimento de culpa e menos-valia (sente-se pouco valorizado) também são frequentes e contribuem para o sofrimento dilacerante que o deprimido vivencia no cotidiano.

De forma aparentemente contraditória, mas não menos comum, muitos indivíduos com depressão não se sentem ou até mesmo não demonstram estar depressivos. Mas estão, e certamente sofrem muito. Geralmente, ficam irritados e agitados, aborrecem-se com facilidade e mostram-se desinteressados por tudo ou mesmo entediados com sua vida familiar, profissional e/ou afetiva. Tudo o que outrora era vivenciado com interesse ou prazer deixa de fazer sentido, provocando uma mudança radical em seus hábitos, suas rotinas e suas atividades em geral.

2. Disfunções cognitivas

De forma bem sucinta, as funções cognitivas do ser humano são responsáveis pela atenção e pela concentração, por sua maneira de pensar, por estabelecer conexões entre fatos e experiências, por buscar respostas racionais aos desafios vitais – que incluem o planejamento e a execução de tarefas e as tomadas de decisão –, bem como por memorizar tudo isso para aprofundar o processo de aprendizagem e utilizá-lo em melhores escolhas futuras.

O deprimido apresenta muitas disfunções nos processos de pensamento e de memorização. Na verdade, não há um comprometimento real e intenso na memória propriamente dita, e sim na capacidade atentiva e de concentração. Se entendermos que a atenção e a concentração são etapas iniciais e fundamentais para que a memória seja produzida, é possível perceber as falhas ocorridas nesse caminho neuronal que leva à formação da memória.

A figura a seguir demonstra, de um modo bem simplificado e didático, como ocorre o processo de formação de memórias:

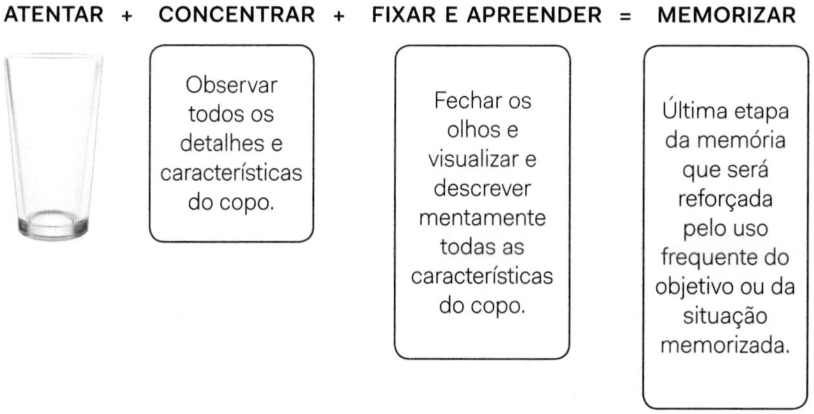

ATENTAR + CONCENTRAR + FIXAR E APREENDER = MEMORIZAR

Observar todos os detalhes e características do copo.

Fechar os olhos e visualizar e descrever mentalmente todas as características do copo.

Última etapa da memória que será reforçada pelo uso frequente do objetivo ou da situação memorizada.

Figura 2. Elaborada pela dra. Ana Beatriz Barbosa Silva.

Os prejuízos causados nas funções cognitivas dos deprimidos se refletem na grande dificuldade que eles apresentam a cada decisão que precisam tomar. Tudo vira um sofrido dilema, desde a escolha do que assistir na TV, vestir, comer, beber e até mesmo quando tomar banho. Para eles, todas essas decisões parecem complexas e trabalhosas. Diante das tarefas básicas do dia a dia, tornam-se ansiosos, angustiados, perdidos em deliberações infindáveis que os levam à "paralisia" funcional e emocional perante a vida.

3. Disfunções físicas

Como exposto, a depressão é uma doença da "pessoa inteira", e não algo restrito ao cérebro e à mente de seu portador. Diversas áreas do funcionamento físico também são afetadas por ela. Tais alterações são facilmente percebidas nas mudanças expressivas ocorridas nos hábitos alimentares e do sono. Quanto à alimentação, duas realidades diversas podem ocorrer: ou o indivíduo passa a comer demais e a engordar, ou então perde o apetite e emagrece rapidamente e de maneira visível, o que, na maioria das vezes, resulta em um aspecto de fragilidade e sofrimento explícito. O desejo (libido) e o impulso sexual tendem a se reduzir de forma significativa e, por vezes, até a desaparecer.

Uma das palavras mais utilizadas pelos pacientes deprimidos quando chegam ao consultório é *exaustão*. Mesmo quando têm grandes dificuldades de se expressar, todos são unânimes em concordar, verbalmente ou por meio de gestos corporais afirmativos, quando pergunto se eles se sentem em completo estado de exaustão tanto física quanto mentalmente. A resposta a essa pergunta sempre vem acompanhada por um esboço descolorido do que um dia fora um sorriso. Percebo que, de alguma forma, essa compreensão faz com que os deprimidos se sintam minimamente confortados na busca de uma saída para a escuridão interna e externa que experimentam todos os dias. Alguns pacientes tentam expressar tal situação repetindo, de maneira vagarosa, as palavras *cansado* e *esgotado*. A maioria deles afirma que o simples fato de levantar da cama pela manhã e preparar o desjejum demanda um esforço tão intenso que muitas vezes se torna impossível. O mesmo ocorre com os rituais de higiene e asseio pessoal, como escovar os dentes, pentear os cabelos, trocar de roupa, lavar os cabelos etc.

Os comprometimentos físicos causados pela depressão também podem aparecer na forma de queixas corporais inespecíficas e de perfil aleatório, como dores abdominais, de cabeça, nas costas, no peito, nos braços e nas pernas. Todas essas dores, após serem avaliadas e pesquisadas por meio de exames complementares, não apresentam uma explicação clínica que as justifiquem, a não ser a própria depressão.

4. Disfunções do comportamento

Com todas as alterações descritas anteriormente relativas ao humor, ao modo de pensar e à falta de energia física (resultando na exaustão total), podemos imaginar quanto o comportamento dos deprimidos também fica bastante comprometido. Costumo dizer que a maneira como pensamos sobre nós mesmos e sobre o mundo ao nosso redor contribui para cerca de 50% do nosso comportamento. A outra metade é influenciada pelo nosso estado de espírito e pela nossa energia vital. No caso do deprimido, todos esses ingredientes moduladores das nossas ações encontram-se muito prejudicados, o que ocasiona mudanças bruscas no jeito de o indivíduo se apresentar, agir e se relacionar. Muitos deprimidos começam a negligenciar a sua aparência, deixando de ser vaidosos, asseados ou arrumados. Outros, sempre corretos com o pagamento em dia de suas contas, gradativamente vão perdendo o controle de sua vida financeira. É frequente também evitarem o encontro com pessoas, preferindo ficar em casa, onde permanecem deitados ou em andanças angustiantes e sem nenhuma finalidade prática. No convívio do lar, os conflitos com os parceiros ou parentes tornam-se constantes, seja pela apatia total, seja pela inquietude presente nos quadros de depressões agitadas marcadas por irritabilidade, insatisfação, angústia e ansiedade. No território profissional, as falhas tornam-se evidentes, especialmente pelo não cumprimento das tarefas nos prazos preestabelecidos.

Teste de probabilidade diagnóstica da depressão

A partir desses quatro grupos que englobam as principais alterações observadas nas pessoas com depressão, resolvi elaborar um teste simples, com base empírica, fruto da minha experiência clínica.

O teste apresenta uma tabela com 51 critérios, que incluem sintomas, sinais e situações mais comuns presentes em pessoas com depressão clínica, especificamente na vida adulta. Procurei, dentro do possível, utilizar uma linguagem bem coloquial para descrever cada critério dentro do seu grupo específico. Isso visa facilitar não somente a autoidentificação como também o reconhecimento dos sintomas em outras pessoas com as quais convivemos e com quem nos preocupamos de forma verdadeiramente afetiva.

Ao ler os itens relacionados a seguir, é importante que você considere a frequência e a intensidade com que as situações ocorrem. É possível caracterizar um quadro depressivo se pelo menos 35 das opções forem consideradas francamente positivas. Além disso, os sintomas precisam estar ocorrendo por, no mínimo, duas semanas e de forma constante.

Cabe destacar ainda que a lista foi subdividida em quatro grandes grupos para enfatizar situações decorrentes dos sintomas primários da depressão clínica (alterações do humor, da cognição, físicas ou corpóreas e do comportamento), bem como situações secundárias – isto é, aquelas que quase sempre aparecerão como consequência do desgaste do próprio cérebro depressivo e das dificuldades crônicas enfrentadas pelo deprimido nos diversos setores de sua vida: afetivo, familiar, social, acadêmico e profissional.

Grupo 1: disfunções do humor

1. Experimento sentimentos de tristeza e infelicidade constantes.
2. Tenho a sensação de vazio interior ou torpor em relação à realidade ao redor.
3. Choro frequentemente em diversas situações do dia a dia. Isso pode ocorrer quando estou simplesmente assistindo a algum anúncio de TV, ouvindo uma música ou sem nenhum motivo aparente.
4. Sinto a presença constante de sentimentos negativos relacionados a mim e a todas as pessoas com as quais possuo laços afetivos.
5. Tenho sentimentos de impotência. Sinto que perdi o controle da vida, tendo sido dominado pelos fatores estressantes e mais dependente de outras pessoas até para a realização de tarefas simples, como escolher uma roupa para vestir ou o que comer.

6. Possuo sentimentos de desesperança e não consigo enxergar um futuro promissor. Sinto-me como se as coisas nunca mais fossem melhorar e, mesmo que as outras pessoas afirmem que tudo passará, não consigo perceber isso.

7. Tenho sentimentos de culpa. Sinto-me culpado por acontecimentos passados, que passam a ser motivo de preocupação e ruminação constante, alimentando cada vez mais a culpa. Esses sentimentos, em sua grande maioria, são derivados de situações imaginadas a partir de fatos ocorridos no passado?

8. Possuo sentimentos de menos-valia. Sinto-me a pior pessoa que existe, especialmente em relação àquelas de meu convívio.

9. Meu estado de humor nunca melhora ou melhora muito pouco quando acontecimentos bons e desejados ocorrem.

10. Meu estado de humor tende a ser pior na parte da manhã e a ficar menos desagradável ao anoitecer.

11. Sinto-me facilmente irritável, aborrecendo-me com coisas e situações que antes não me incomodavam.

12. Tenho sentimentos frequentes de rejeição, menosprezo ou mágoa por meu parceiro afetivo e pelos colegas de trabalho.

13. Sinto ansiedade, com nervosismo constante, medos e preocupações excessivas ou exageradas. Transformo pequenos atrasos ou incidentes em grandes tragédias. Popularmente falando, costumo "fazer tempestade em um copo d'água".

14. Minha autoestima está bem reduzida. Sinto raiva e menosprezo por mim mesmo e costumo me ver como alguém sem atrativos físicos, psicológicos ou intelectuais.

15. Sinto-me desinteressado por tudo e por todos.

16. Perdi a motivação e o prazer por atividades que antes me estimulavam, como hobbies, passeios ou esportes.

17. Tenho mudanças extremas de humor. Sinto passar de sentimentos exagerados de alegria e felicidade e (euforia) para momentos de desespero e fragilidade.

Grupo 2: disfunções cognitivas

18. Tenho pensamentos negativos constantes. Apresento um pessimismo extremo, descrença em minhas capacidades e na possibilidade de as coisas melhorarem. Minha mente é dominada por frases recorrentes e intrusivas do tipo: "Não sou capaz", "Não sirvo pra nada", "Pra que viver?", "Sou um peso para mim e para os outros", "Se eu deixasse de existir, seria melhor para todos".

19. Sinto uma redução na capacidade de atenção, concentração e memorização. Percebo uma significativa diminuição na minha capacidade produtiva e prejuízos na minha vida profissional e acadêmica.

20. Tenho dificuldade de tomar decisões de forma geral, pois percebo a diminuição do ritmo de meus pensamentos e as falhas atentivas e de memória.

21. Percebo redução na minha capacidade de leitura e na compreensão de conteúdos novos.

22. Tenho dificuldade em seguir instruções simples e cumprir prazos no trabalho.

23. Noto uma redução significativa na capacidade criativa e de solucionar problemas profissionais e/ou familiares com rapidez.

24. Tenho dificuldade de estabelecer uma conversa com boa fluência, pois demoro muito para "achar" as palavras certas para dar continuidade a ela.

Grupo 3: disfunções físicas ou corpóreas

25. Percebo mudanças no padrão de sono. Sobre esse aspecto, posso observar o seguinte:

    a) tenho dificuldade para iniciar o sono, com diversos despertares durante a noite;

    b) o início do meu sono é normal, mas desperto precocemente entre três e quatro da madrugada e tenho certa dificuldade de tornar a dormir;

    c) ou ainda: tenho sono excessivo à noite e/ou passo grande parte do dia na cama sem nenhuma atividade.

26. Percebo mudanças em meus hábitos alimentares (uma redução significativa do apetite, com emagrecimento sem nenhuma causa detectável, ou, de forma contrária, um aumento do apetite com ganho excessivo de peso).

27. Noto alterações intestinais: intensificação da prisão de ventre ou episódios de diarreia.

28. Tenho infecções de repetição, como infecções virais (herpes, por exemplo) ou bacterianas (faringites, sinusites, infecções urinárias) com maior frequência.

29. Tenho reações alérgicas e/ou intolerâncias alimentares mais constantes.

30. Sinto uma redução do desejo e do impulso sexual, ou até mesmo sua ausência por algum tempo.

31. Sinto esgotamento físico e mental: percebo que meu nível de energia está muito baixo, aquém do normal ou mesmo inexistente.

32. Acordo, mas me mantenho na cama praticamente o dia todo, apesar de ter inúmeras atividades para realizar. Muitas vezes, nem chego a trocar de roupa, permanecendo o dia inteiro de pijama.

33. Não sinto capacidade física de iniciar ou dar seguimento a nenhum tipo de atividade física, como caminhada, natação, ginástica, pilates, dança ou qualquer outra.

34. Tenho olheiras pronunciadas.

35. Sinto dificuldade em ter sonhos durante o sono. Às vezes não há sonhos, ou, quando acontecem, são desprovidos de cores vivas e detalhes nítidos, ou se limitam a pesadelos de fuga, quedas, situações desesperadoras ou tragédias.

36. Sinto dores ou desconfortos físicos inexplicáveis e de perfil aleatório, como dores de cabeça, nas costas, abdominais, na região cervical, bem como tonturas, visão turva etc.

37. Frequentemente sinto o coração acelerado ou a respiração encurtada, com presença de longos suspiros espontâneos.

Grupo 4: disfunções comportamentais

38. Tenho sido negligente com minhas responsabilidades: esque-ço-me de pagar as contas, costumo perder prazos na vida profissional ou estudantil, além de incorrer em faltas ou atrasos frequentes.

39. Apresento-me descuidado com minha aparência física, com falhas na higiene pessoal: não lavo os cabelos, não tomo banho ou repito sempre a mesma roupa.

40. Quando estou em casa, isolo-me em meu quarto e não aten-do o telefone, o interfone ou a campainha.

41. Irrito-me com pessoas que me cobram uma reação mais ativa perante a vida.

42. Afasto-me das pessoas com quem mantinha convivência cotidiana ou regular. Na rua, chego a mudar de caminho

para evitar o diálogo com pessoas com quem antes mantinha um bom relacionamento.

43. Ajo como se o mundo fosse um lugar somente ameaçador ou hostil e, quando saio de casa, não vejo a hora de retornar.

44. Apresento crises de pânico ou de medo intenso, e isso leva à paralisia da minha rotina, pelo menos uma vez na semana.

45. Tenho dificuldade ou incapacidade de participar de atividades familiares com meu parceiro e/ou com meu filho.

46. Procrastino as coisas constantemente, em todos os setores vitais, como o profissional, o familiar, o afetivo e o social.

47. Entrego-me totalmente ao trabalho. Com isso, "absolvo-me" de lidar com a minha doença e com as responsabilidades familiares e sociais.

48. Passei a estabelecer uma rotina rígida de todos os dias fazer as mesmas coisas nas mesmas horas. Isso me dá um mínimo controle sobre minha vida.

49. Eu me vitimizo ou, de maneira reativa e agressiva, demonstro certa soberba ou ar de superioridade como forma de defesa para não me defrontar com as situações que temo e das quais me envergonho (assim disfarço o medo, a insegurança e a baixa autoestima), ou pratico a automutilação, cortando-me ou causando dor física a mim mesmo e privando-me de qualquer tipo de prazer, como fazendo jejuns prolongados etc. para aliviar a dor emocional que me domina.

50. Uso álcool, drogas, calmantes ou estimulantes a fim de buscar alívio para meus sintomas.

51. Tenho pensamento de morte ou suicídio. (Existem dois tipos de pensamentos de morte na depressão. O primeiro está relacionado ao sentimento de desesperança, culpa e menos-valia, como já exposto. Nesse caso, o indivíduo não deseja de fato se matar; o que ele almeja é parar de sofrer, e, de

certa forma, essa postura é um indício de que ele deseja melhorar. O segundo – e aqui se encontra toda a relevância deste tópico – diz respeito aos pensamentos de morte ligados ao planejamento real do ato de suicídio. Esses, sim, são potencialmente perigosos e representam um risco elevado de morte, já que o paciente não deseja deixar de sofrer por meio de um tratamento: ele de fato acredita que a única solução para acabar com o seu sofrimento e o das pessoas ao seu redor é a morte. Não busca ajuda, mas tem um mínimo de energia e fôlego para concretizar o plano de dar fim à própria vida.

Quando percebemos esse tipo de pensamento e intenção em um paciente com depressão, este único item, mesmo que todos os outros sejam negativos ou disfarçados, é condição *sine qua non* para que o paciente seja tratado de maneira intensiva, sendo vigiado 24 horas por dia por um período de pelo menos três meses, mesmo que ele se negue a receber esse tipo de assistência médica. Qualquer outra atitude é omissão terapêutica de todos os envolvidos com essa pessoa. Essa questão será discutida com mais detalhes no capítulo 12, "Suicídio: precisamos falar sobre isso".)

De simples, a depressão não tem nada. Tudo nela tem o selo da complexidade humana.

3
AS DIVERSAS FACES DA DEPRESSÃO

A maioria das pessoas acha que a depressão é um problema simples de ser diagnosticado, mas a elas terei que dizer de maneira simples e assertiva: "Ledo engano!". De simples, a depressão não tem nada. Desde a forma como ela se apresenta, passando pelas faixas etárias acometidas, pelas variadas e interligadas causas, por suas roupagens primárias, ou ainda pela presença de doenças físicas como quadro secundário, até as diferentes respostas terapêuticas apresentadas pelos pacientes. Tudo na depressão tem o selo da complexidade humana. A meu ver, entre tantas doenças, a depressão é a mais humana de todas e, por isso mesmo, tem a capacidade de nos intrigar, testar e desafiar sempre. Acredito que essa também seja uma percepção comum entre os profissionais de saúde mental, leigos e pacientes acometidos por ela. Longe do conceito estigmatizante que ainda domina as impressões gerais sobre a doença, percebo em muitos deprimidos um "grito" de inconformismo com os falsos padrões sociais que nos tentam vender sobre sucesso, beleza, tranquilidade, família, profissão, amizades etc. Pessoas com depressão nos fazem enxergar que a maioria das realidades instituídas e legitimadas não tem se mostrado capaz de produzir a felicidade coletiva que tanto propaga. No capítulo 12, "Suicídio: precisamos falar sobre isso", essas questões serão discutidas de maneira mais detalhada.

Por ora, retornemos ao grande leque de variação de cores que nossos humores costumam apresentar. Nesse *dégradé* descreveremos as formas mais típicas que a depressão pode assumir. Cada tipo de depressão guarda características específicas e peculiares, e elas são de grande valia na escolha e no direcionamento das alternativas terapêuticas mais adequadas para cada paciente.

A seguir, descrevo as formas mais frequentes da doença depressiva.

1. Depressão clássica

A depressão clássica, também conhecida como *transtorno depressivo maior*, depressão unipolar ou depressão clínica, é a forma mais comum da doença depressiva. Ela se caracteriza por mudanças de humor com duração mínima de duas semanas, cujos sintomas essenciais são:

- Sentimento de tristeza e pesar
- Perda do interesse em atividades previamente consideradas agradáveis

Para que a depressão clássica seja identificada, é essencial que um ou ambos os sintomas citados estejam presentes. No entanto, também podemos encontrar pelo menos quatro dos seguintes sinais e sintomas descritos abaixo:

- Alteração do sono (insônia ou excesso de sono)
- Perda ou aumento de peso (ambos de modo significativo)
- Pessimismo obsessivo relacionado a acontecimentos negativos pessoais ou a familiares, o que configura o estado de humor pessimista
- Sentimentos de desesperança e impotência

- Labilidade emocional (choro fácil)
- Atividade motora mais lenta ou mais agitada
- Perda de energia e muito cansaço
- Estado emocional de apatia ou intensa irritabilidade
- Dificuldade de atenção, concentração e memorização
- Perda da autoestima e sentimentos de culpa sem motivos aparentes
- Redução ou perda do desejo sexual
- Pensamentos recorrentes de morte ou de suicídio

A depressão clássica tem maior probabilidade de ocorrer entre os 25 e os 44 anos de idade[1] e é mais comum em mulheres do que em homens. Na maioria absoluta dos casos, é possível identificar eventos estressantes ou perdas significativas precedendo o episódio e atuando como fator desencadeador do quadro depressivo. Observamos que episódios de depressão clássica costumam ocorrer em várias ocasiões na vida de uma pessoa, o que não impossibilita que ela se manifeste em um único episódio.

O que sabemos é que, a partir do primeiro episódio, a chance de o indivíduo ter recaídas em um determinado momento da vida é maior que 50%. Se um segundo episódio ocorrer, as chances de o paciente apresentar um terceiro episódio sobe para o percentual significativo de 70%.[2] Caso não haja tratamento adequado, os episódios de depressão clássica duram de seis a dezoito meses.[3] Porém, é importante frisar que, por ser uma doença em que há riscos de suicídio e por provocar um sofri-

---

1. K. Kramlinger. *Depressão pesquisada e comentada pela Clínica Mayo*, p. 7.
2. Ibid., p. 50.
3. Ibid.

mento incalculável, em hipótese alguma se deve esperar por uma diminuição espontânea dos sintomas ou pelo próximo episódio para que a pessoa e/ou a família busquem ajuda especializada. O tratamento precoce, além de impedir o agravamento do quadro, aumenta em muito as chances de remissão completa dos sintomas e do retorno do indivíduo às suas funções profissionais, familiares e sociais. Convém destacar também que a continuidade do tratamento pode evitar que novos episódios venham a ocorrer em um espaço de tempo reduzido.

Ainda podemos encontrar variantes das formas da depressão clássica. Entre elas estão a depressão psicótica, a depressão atípica e a depressão sazonal. A seguir, cada uma delas será descrita de maneira sucinta.

1.1. Depressão psicótica

Nesta modalidade, além de as pessoas apresentarem os sintomas típicos da depressão, os sintomas psicóticos, como delírios e/ou alucinações,[4] também estão presentes. Cerca de 15% das pessoas acometidas pela depressão clássica podem desenvolver a depressão psicótica,[5] o que também tem relevância como critério de gravidade – ou seja, todo quadro com psicose associada é considerado grave. Em função dos delírios e/ou das alucinações, tais pacientes têm um risco maior de suicídio, o que requer atenção especializada imediata com grandes possibilidades de

---

4. Delírios são crenças ou pensamentos distorcidos, como achar que está sendo perseguido, por exemplo. Já nas alucinações, a pessoa pode ouvir vozes e ver outras imagens que não condizem com a realidade.
5. American Medical Association. *Guia essencial da depressão*, p. 53.

internação hospitalar, visando oferecer maior segurança ao paciente e a aplicabilidade de recursos terapêuticos mais eficientes.

1.2. Depressão atípica

Como o próprio nome diz, a depressão atípica apresenta uma combinação de alguns sintomas típicos da depressão clássica e outros, não. A pessoa com depressão atípica sente tristeza, desesperança, menos-valia, insegurança e medo, como quem sofre de depressão clássica. Por outro lado, costuma dormir e comer mais, apresentando ganho de peso. Sente-se pior à noite, e não pela manhã, como é característico da depressão grave. A depressão atípica costuma ser duradoura ou crônica, em vez de ocorrer em episódios bem marcados. Geralmente, inicia-se na adolescência e predomina no sexo feminino. As respostas terapêuticas a esse tipo de depressão são mais difíceis e, para que sejam eficazes, requerem o uso de medicamentos, psicoterapias e neuromodulação (como a Estimulação Magnética Transcraniana, ou EMTr). Esta última técnica terapêutica será vista de forma mais detalhada no capítulo 10, "Tratamento dos transtornos depressivos: uma história recente e com um futuro promissor".

1.3. Transtorno afetivo sazonal

O transtorno afetivo sazonal (TAS ou SAD, em inglês) é um tipo de depressão que ocorre somente em determinadas épocas do ano. A maioria das pessoas que sofrem desse transtorno se sente deprimida e letárgica durante o inverno e costuma ficar bem e até incomumente alegre durante o verão. O TAS ou SAD tende a afetar mais as pessoas a partir dos 23 anos, e o número de mulheres acometidas é quatro vezes maior que o de homens.

O transtorno afetivo sazonal ainda não é bem compreendido pela comunidade médica. Algumas explicações propostas para esse quadro depressivo incluem baixos níveis do neurotransmissor serotonina, níveis oscilantes do hormônio melatonina e ritmos circadianos anormais. Algumas pessoas apresentam uma espécie de transtorno afetivo sazonal "às avessas", sentindo-se deprimidas no verão e normais ou mais alegres no inverno. Esses casos representam, em média, um quarto dos casos de TAS. Pouco se conhece sobre a depressão de verão, mas muitas pessoas se sentem melhor viajando para locais onde a temperatura é mais amena. Por inferência, alguns médicos desconfiam que, de alguma maneira, a depressão pode ser ocasionada pela temperatura do cérebro. Se isso realmente tiver alguma influência no funcionamento cerebral, é possível pensar na influência das altas temperaturas no aumento de casos de depressão, algo que há muitos anos verifico em minha prática clínica nos meses do verão. Por enquanto, isso não passa de suposições e divagações de uma mente inquieta.

2. Distimia

A distimia é uma forma duradoura da doença depressiva que se caracteriza por uma expressão permanente de tristeza e desânimo. Um bom exemplo clássico da minha infância na década de 1970 é o desenho animado de Hanna-Barbera cujos protagonistas eram o leão Lippy e seu amigo Hardy Har Har, uma hiena extremamente pessimista, que vivia se lamentando: "Ó vida, ó céus, ó azar... isso não vai dar certo!". Como esquecer esse bordão?

O distímico sofre de falta constante de alegria, sendo inclusive incapaz de se lembrar de situações nas quais tenha vivenciado esse sentimento. A distimia tem duração de pelo menos dois anos e pode se estender por todo o tempo sem interrupções. De vez em quando os sintomas podem ainda desaparecer por um período curto de tempo, mas que não ultrapassa dois meses. A distimia, em geral, não anula o funcionamento da pessoa, mas, em muitos casos, o tempo prolongado do transtorno acaba afetando o trabalho e a vida social de seu portador, que se torna socialmente retraído e menos produtivo. Quem tem distimia corre um risco maior de desenvolver depressão clássica, e, quando isso ocorre, essa pessoa passa a sofrer de *depressão dupla* – isto é, quando existe a sobreposição de doenças depressivas (distimia mais depressão clássica).

Os sinais e sintomas da distimia são semelhantes aos da depressão clássica; no entanto, manifestam-se de forma menos intensa, e ao menos dois dos sintomas listados a seguir devem estar presentes:

- pouco apetite ou fome excessiva
- insônia ou excesso de sono
- pouca energia e cansaço
- dificuldade de concentração ou de tomar decisões
- retraimento social e baixa autoestima
- inquietude ou lentidão
- sentimentos de desesperança

Alguns pacientes relatam que seus primeiros sentimentos depressivos ocorreram na infância ou na adolescência. A distimia também predomina no sexo feminino, numa proporção de 3:1 – ou seja, três mulheres para cada homem.

O médico descartará a possibilidade de distimia se a pessoa tiver tido algum episódio de mania branda ou grave, se seus sintomas só surgirem concomitantemente com outra doença mental (como ansiedade generalizada, fobias, transtorno *border-line* etc.), se o quadro só se apresentou em consequência do abuso de álcool, drogas em geral ou medicamentos tarja preta, ou em decorrência de doenças físicas, como o hipotireoidismo, a aids, a esclerose múltipla etc. Dessa maneira, devo destacar que a distimia se caracteriza como um diagnóstico primário, e não como uma patologia secundária consequente de outros transtornos mentais ou físicos.

3. Depressão bipolar

A depressão bipolar recebe também as seguintes denominações: transtorno bipolar, depressão maníaca ou ainda doença maníaco-depressiva. Nesse quadro clínico, as pessoas apresentam ciclos (ou fases) recorrentes de depressão e euforia (também chamada de *mania*).

O transtorno bipolar não é tão comum quanto a depressão clássica e a distimia. Nos Estados Unidos, entre os 18 milhões de norte-americanos com depressão, apenas 2 a 3 milhões são portadores de transtorno bipolar. Ele acomete igualmente homens e mulheres, tem início na adolescência e, na maioria das vezes, continua a aparecer de modo intermitente durante toda a vida. Esse transtorno possui uma marcação genética bem forte, pois costuma acometer outros membros da família. Cerca de 80 a 90% das pessoas com transtorno bipolar possuem um parente próximo com alguma forma de depressão.[6]

---

6. K. Kramlinger, op. cit., p. 53.

Quem sofre de depressão bipolar apresenta o humor que oscila entre dois polos emocionais: o da tristeza profunda (depressão) e o da alegria desmedida (euforia ou mania). Entre esses períodos de extremos emocionais, a pessoa pode apresentar um estado de humor normal; no entanto, durante a fase depressiva, terá os mesmos sintomas daquela que sofre de depressão clássica. De outra feita, poderá experimentar períodos de uma forma mais branda e menos debilitante de mania, denominada *hipomania*. Esse quadro é marcado por um aumento de energia, atividades, sensualidade e autoconfiança. Nesse polo contrário à depressão, também podemos encontrar a fase de mania, que se caracteriza por um humor exageradamente animado, expansivo e também irritado. A energia, a alegria e a autoestima desconhecem qualquer tipo de limites e expõem a pessoa e seus familiares a situações de perigo físico. Nesse estado, há a presença de delírios que envolvem ideias de grandeza e poder. Essas mudanças de humor costumam ter pouca ou nenhuma relação com os eventos do dia a dia. No transtorno bipolar, a oscilação constante dos sintomas, muitas vezes, impede seus portadores de levar uma vida normal quando não há um tratamento rigoroso e de caráter contínuo.

Em contraste com a depressão, na fase maníaca ou eufórica, a pessoa se sente incansável, geralmente gasta dinheiro de maneira exacerbada, toma decisões precipitadas e tem ideias grandiosas que resultam em muitas complicações, que vão desde prejuízos financeiros significativos, brigas com familiares e estranhos, até promiscuidade. Alguns portadores do transtorno podem apresentar rompantes de criatividade e produtividade; no entanto, tais potencialidades tendem a se perder no caos em que a vida dessas pessoas se transforma.

De forma resumida, os sinais e sintomas mais frequentes na euforia ou mania são os seguintes:

- alegria anormal ou desproporcional
- energia exacerbada
- reduzidíssima necessidade de sono
- irritabilidade exagerada
- sensação exacerbada da sua autocapacidade
- pensamento acelerado
- um falar sem fim e sem objetivo (loquacidade)
- falta de discernimento
- libido (desejo sexual) exagerado
- abuso de álcool ou de outras drogas
- comportamento disfuncional marcado por provocações, agressividade e falta de limites

O transtorno bipolar tende a se agravar com o passar do tempo. O início pode ocorrer com episódios de depressão ou de mania, ou uma mistura de sintomas de ambos os polos, separados por períodos de "normalidade", com ausência de sintomas. Com o decorrer do tempo, os períodos de extremos emocionais tendem a se tornar mais frequentes, e os estados de bem-estar e equilíbrio se apresentam reduzidos e menos frequentes.

O tratamento do transtorno bipolar é fundamental para prevenir o agravamento natural da doença, restabelecer ao máximo a vida prévia do paciente e reduzir ao mínimo o risco de suicídio, que é mais frequente nesse tipo de depressão.

O transtorno bipolar pode se apresentar de três formas distintas: transtorno bipolar tipo I, transtorno bipolar tipo II e transtorno bipolar ciclotímico. A seguir, descreverei de maneira resumida os três tipos.

Transtorno bipolar I: inclui um ou mais episódios de depressão clássica e pelo menos um período de mania ou de sintomas mistos. Ele pode ter início tanto com um episódio de depressão ou de mania. Porém, quando o transtorno se inicia com um episódio de depressão, geralmente o período de mania (ou euforia) ocorrerá entre um e dois anos depois.

Transtorno bipolar II: nesse tipo de transtorno bipolar ocorrem um ou mais episódios de depressão grave e pelo menos um ou mais episódios de hipomania, que, como já dito, corresponde a um estado de euforia branda ou moderada. De maneira diversa do tipo I, essa forma de transtorno bipolar não atinge picos extremos, como a mania grave. Outra diferença importante é o fato de a hipomania ocorrer imediatamente antes ou depois de um período de depressão grave. Geralmente não há um período de normalidade entre os episódios de depressão e hipomania e vice-versa.

Transtorno ciclotímico: essa forma de transtorno bipolar caracteriza-se por oscilações entre períodos curtos de depressão moderada e de hipomania. Essas oscilações podem ocorrer em intervalos de poucos dias, e esses ciclos continuam por pelo menos dois anos. Os sintomas geralmente não ficam ausentes por mais de dois meses. No entanto, é pouco provável que a pessoa desenvolva um quadro de depressão clássica.

4. Depressão circunstancial

Depressões circunstanciais apresentam os mesmos sintomas da depressão clássica; no entanto, seu aparecimento guarda uma relação estreita com um agente causal externo que funciona como fator desencadeante no desenvolvimento do quadro depressivo completo. De forma empírica, e tendo como base minha experiência clínica, resolvi dar essa denominação para os seguintes quadros depressivos com que frequentemente deparo no dia a dia do consultório:

- depressão pós-luto
- depressão por esgotamento profissional
- depressão episódica (natalina e ano-novo)
- depressão por desajuste social
- depressão pós-trauma

4.1. Depressão pós-luto

Trata-se de uma depressão que tem como fator desencadeador a morte ou a perda de entes queridos. Até pouco tempo atrás, a Associação de Psiquiatria Americana (APA) considerava depressão pós-luto aquela cujos sintomas são os mesmos de uma depressão clássica, mas perduram por mais de seis meses;[7] porém, atualmente, a própria APA reconhece que o período de luto deixa de ser normal quando os sintomas duram mais de doze meses.[8]

A meu ver, existe uma série de outras situações que se enquadram no que a medicina denomina de luto. Entre elas, eu destacaria situações cotidianas que, muitas vezes, passam despercebidas, como a "perda em vida de pessoas queridas": é

---

7. De acordo com o DSM-IV-TR: *Manual Diagnóstico e Estatístico de Transtornos Mentais.*
8. De acordo com o DSM-V: *Manual Diagnóstico e Estatístico de Transtornos Mentais.*

muito comum isso acontecer com familiares de um paciente com processo demencial como a doença de Alzheimer. A pessoa acometida por essa patologia vai progressivamente perdendo suas memórias e, com elas, desfazendo os laços afetivos com familiares, amigos e pessoas mais íntimas. Apesar de a pessoa estar viva, todos ao redor, em maior ou menor grau, ressentem-se não da ausência física, e sim da ausência da persona que conheceram e amaram um dia. O mesmo ocorre com familiares que acompanham o definhar lento e inexorável dos pacientes portadores de doenças neoplásicas. Esse luto específico tem um caráter antecipatório; no entanto, seu poder adoecedor equivale ao do luto propriamente dito, que ocorre após o falecimento do paciente. Ainda destaco perdas drásticas na condição financeira e social, términos de relacionamentos amorosos e conflituosos de longa data, perdas de amizades de longa data, perdas de funções intelectuais ou físicas por doenças degenerativas autoimunes etc.

4.2. Depressão por esgotamento profissional

A depressão por esgotamento profissional é aquela que ocorre após o paciente apresentar por algum tempo a denominada Síndrome de Burnout, que pode ser definida como um estado de esgotamento físico e mental intenso cuja causa está intimamente associada ao exercício das atividades profissionais do indivíduo. Entre as pessoas mais acometidas pelo Burnout e pela depressão que se instala de forma secundária a ela estão profissionais da área de saúde, educação, segurança pública, setor bancário etc. É importante destacar que, como qualquer outro transtorno depressivo, a evolução da Síndrome de Burnout para uma depressão clássica depende de vários fatores individuais, como uma maior vulnerabilidade do indivíduo ao estresse prolongado, as doenças depressivas em geral, e também a fatores externos, como ambiente profissional mais competitivo e relações interpessoais desgastadas ou conflitantes.

4.3. Depressão episódica (natalina ou do ano-novo)

Quem nunca ouviu a frase "Ano novo, vida nova"? Pois bem, muita gente se sente pressionada com a chegada do final do ano (e como!), seja pelos variados encontros e compromissos, seja pelo próprio tempo que não para, como já dizia o poeta Cazuza. Para a grande maioria de nós, o final do ano representa Natal com a família, retrospectiva do ano e muitas resoluções e promessas para o ano que se aproxima. Apesar das bolinhas coloridas, das músicas natalinas, dos pisca-piscas luminosos e dos estouros do champanhe, confesso que para mim este é um período de intenso trabalho, pois muitos pacientes se descompensam e apresentam recaídas. É justo nessa época, supostamente festiva, que temos muitas lembranças e cobranças, entramos em contato com familiares carregados de mágoas e rancores, nos lembramos das inúmeras frustrações e dos desamores. Vejo em meus pacientes como o entorno do tempo e do espaço os contagia, fazendo com que os sintomas completos de depressão voltem a mostrar suas garras afiadas. Felizmente, é uma fase passageira e, por isso mesmo, episódica, desencadeada somente nesse período do ano.

4.4. Depressão por desajuste social

Esse tipo de depressão ocorre quando uma pessoa, por necessidade ou escolha, decide reiniciar sua vida em outra cidade, outro estado ou país e depara com uma cultura na qual hábitos, costumes e valores são diversos da sua de origem. Nesses casos, é necessário um tempo para que a pessoa possa se adaptar à nova realidade. Tal mudança a faz sentir-se desamparada por estar afastada do seu hábitat natural e de seus vínculos emocionais ou referenciais. Essa situação pode ocasionar o que denominamos de *transtorno de ajustamento social*. Na realidade, observo que muitas pessoas apresentam sintomas desse transtorno em seu próprio ambiente social, pois não se sentem pertencentes a ele por serem excluídas ou discriminadas por fatores diversos, que incluem etnia, orientação sexual, credo ou padrão socioeconômico. A exclusão e o isolamento social ocorridos nesse contexto se configuram em importantes fatores precipitadores de depressão em indivíduos com suscetibilidade genética, trazendo prejuízos significativos em sua vida.

4.5. Depressão pós-trauma

O trauma pode deflagrar uma série de sintomas e transtornos mentais, entre os quais está a depressão. Entende-se como trauma situações capazes de produzir reações notadamente negativas na vida de uma pessoa. Elas abrangem desde ser vítima de um episódio violento, como assalto ou sequestro, presenciar a morte de alguém, sofrer abuso sexual ou até passar por um rompimento amoroso. Seria de esperar que, quanto maior a gravidade da experiência traumática, maior a chance de se desenvolver um quadro depressivo secundário a ela. No entanto, na maioria das vezes, essa correlação não se mostra verdadeira, pois, como seres diversos e únicos, tendemos a reagir ao mesmo contexto de formas diferentes. Isso ocorre porque a predisposição para que o transtorno depressivo se instale depende da vulnerabilidade psíquica de cada pessoa. Indivíduos mais sensíveis emocionalmente, por exemplo, podem sofrer de depressão mesmo que o evento traumático tenha sido pouco severo, enquanto outros podem passar por situações bastante difíceis e superá-las rapidamente. São as predisposições pessoais e a capacidade individual de lidar com situações adversas que determinam o que de fato pode ser considerado um trauma e o sofrimento decorrente dele.

A depressão e seus níveis de gravidade

Todo tipo de depressão pode apresentar níveis de gravidade variáveis, que se traduzem basicamente na intensidade de seus sintomas e, consequentemente, nos riscos que representam para a vida (ou para a saúde) do paciente e das pessoas de seu convívio. Tais níveis são classificados em leve, moderado e grave. Abaixo, detalho como a intensidade dos sintomas influi na esfera da funcionalidade de cada indivíduo.

- **Leve**: interfere pouco na vida diária, isto é, o indivíduo ainda consegue manter sua rotina, embora isso já exija algum nível de esforço
- **Leve a moderado**: nesse estágio, o indivíduo já apresenta pensamentos negativos e dificuldades em manter a sua rotina diária como antes. Seus sintomas depressivos já começam a interferir de forma significativa em diversas áreas de sua vida
- **Moderado**: os pensamentos negativos tendem a se tornar obsessivos. Observamos prejuízos expressivos, e o esforço para manter a rotina diária torna-se um sacrifício com resultados pífios

- **Moderado a grave:** a rotina diária já vira um sacrifício em quase todas as esferas vitais do indivíduo. Os pensamentos obsessivos são mais intensos e incessantes, e sentimentos como falta de vontade de viver ou vontade de morrer podem ser observados
- **Grave:** os prejuízos gerais são maiores, e o sofrimento, bem mais intenso. Nesses casos, é possível observar muitas vezes, embora nem sempre, uma paralisação na vida dos deprimidos como um todo. Os sinais de gravidade mais marcantes são: pensamentos de suicídio em escala maior e que exigem intervenção mais incisiva, planejamento suicida, sintomas psicóticos associados, perda de peso significativa associada à recusa alimentar e catatonia

A depressão de cada um e suas peculiaridades

Como visto, a doença depressiva é bem mais comum do que se imagina e pode se manifestar de formas bem diversas. Mas todas elas trazem intenso sentimento de tristeza por períodos maiores ou menores, deixando marcas profundas na vida de quem por ela é acometido. Durante todos esses anos de profissão, muitas vezes me flagrei pensando se a experiência da depressão era sentida do mesmo modo pelos mais diversos pacientes. Seria a tristeza a mesma? O sofrimento? O desespero? Seriam as misérias humanas responsáveis por nos igualarem de alguma maneira? Ou mais: as alterações cerebrais ocorridas no íntimo das funções neuronais seriam iguais para todos os que sofrem de privação da alegria?

É claro que não tenho e talvez jamais terei respostas suficientemente conclusivas aos meus questionamentos. Muitos pacientes, sobretudo a maioria dos deprimidos que nunca apresentaram um período de euforia ou mania (cerca de dois terços dos pacientes atendidos com depressão grave), sempre me fizeram pensar que os caminhos da depressão pura são diversos e independentes daqueles que apresentam a depressão em combinação com a euforia. Por outro lado, 10 a 15% dos pacientes que sofrem de depressão eventualmente desenvolverão a hipomania ou a mania.[9] Essa transformação da depressão em "alegria" exacerbada também me faz pensar em uma estrada comum para ambos os transtornos: os depressivos puros e os depressivos bipolares, ambos em dois extremos de um mesmo caminho. A depressão grave seria o polo negativo; a euforia, o polo positivo; e, entre eles, uma infinita "corrente" elétrica de pensamentos, emoções, memórias, histórias, dores, amores a "correr" e a conduzir nossa identidade.

Tenho a total convicção de que ainda sabemos muito pouco sobre nós mesmos como indivíduos. O que vemos e observamos é uma fração ainda insignificante do todo que nos constitui. Ainda estamos limitados aos saberes materiais e a suas inferências sobre o nosso comportamento. Há muito caminho a ser percorrido nesse entendimento, e mais ainda sobre o fato de sermos frações de um todo muito maior, complexo e fascinante. Por enquanto, resta-nos manter o respeito e a empatia com as dores de nossos semelhantes. Embora o sofrimento seja individual, quando vemos alguém sofrer, parte de nós sofre também. E é essa capacidade que temos de ser tocados pelo outro que nos faz ser humanos de verdade. Socorrer e ajudar alguém em

---

9. American Medical Association, *op. cit.*, p. 80.

sua dor talvez seja uma das mais lindas faces do amor, e somente ele nos conduzirá pelo caminho certo rumo ao conhecimento.

A tentativa de classificar as diversas formas do sofrimento vivenciado nas doenças depressivas só tem sentido quando fazemos uso das ferramentas apropriadas para buscar o tratamento mais adequado para cada pessoa. O grande objetivo não é rotulá-la com nomes complicados, e sim aliviar a sua dor com o melhor que temos. Dar o melhor de nós para acionar o melhor do outro: isso, para mim, é ser médico.

Buscar o entendimento mais profundo dos transtornos depressivos é a maneira mais efetiva para desenvolvermos novas terapias.

4
A DEPRESSÃO E SUAS CAUSAS

Antes de iniciar, eu gostaria de deixar claro para o leitor que este talvez seja um dos capítulos mais longos e complexos deste livro. Não por se tratar de um assunto monótono ou desinteressante, mas por ele apresentar muitas informações, todas pautadas em estudos científicos e em observações clínicas cuidadosamente registradas ao longo de toda a minha prática médica diária. As informações que serão expostas visam demonstrar que a depressão é um fenômeno bem mais complexo e heterogêneo do que gostaríamos que fosse. Como seres humanos, temos obsessão por entender, compreender e dominar os processos que comandam nosso universo tão particular (aqui me refiro ao nosso corpo e, em especial, à nossa mente), bem como as pessoas que nos são mais próximas e o ambiente externo no qual vivemos. E, dentro desse contexto de controle, buscamos incessantemente certezas absolutas, que se mostrem verdadeiras para qualquer tipo de realidade.

No campo dos estudos sobre a depressão, o conhecimento é vasto, enquanto as verdades absolutas são raras. Mas isso não deve ser encarado de forma pessimista ou desanimadora, e sim de maneira realista e, ao mesmo tempo, esperançosa. Afirmo isso não para acalmar ou aliviar a possível frustração que essas palavras possam gerar para os familiares e/ou amigos e para os próprios pacientes; é assim que vejo, sinto e conduzo minha prática profissional. De forma didática, entendo que o conhecimento, em geral, pode ser interpretado das seguintes maneiras:

1. Nenhuma informação ou conhecimento é em vão. Gosto de compartilhar com os leitores todas as informações para, juntos, abrirmos todas as possibilidades terapêuticas que os novos e os antigos conhecimentos possam nos oferecer.
2. Todas as ferramentas obtidas a partir de análises clínicas ou científicas devem priorizar o alívio do sofrimento das pessoas.
3. Mesmo que o conhecimento não tenha a validação absoluta que gostaríamos, ele pode produzir tratamentos aplicáveis e responsivos para muitas pessoas. Um exemplo que observo em minha rotina clínica é o uso terapêutico da EMTr (Estimulação Magnética Transcraniana) nos casos de depressão e transtornos ansiosos. Muitas vezes, ele deixa de ser prescrito para pacientes que apresentam respostas insatisfatórias com os tratamentos medicamentosos convencionais por ainda ser considerado *off label* (nos casos dos transtornos ansiosos)[1] pelas agências de vigilância de saúde em diversos países do mundo.
4. Se somos todos únicos e, ao mesmo tempo, semelhantes, é natural que tenhamos respostas terapêuticas diversas.
5. Tudo pode ser considerado de muitos (e igualmente válidos) pontos de vista, e considero que as possibilidades terapêuticas também podem ser vistas por esse ângulo.

---

1. Um tratamento que é utilizado de maneira diferente da utilização aprovada pelo Conselho Federal de Medicina. Esse tipo de uso não é ilegal, desde que o paciente esteja ciente e concorde em fazê-lo.

6. Os conhecimentos diversos nunca devem ser considerados excludentes, e sim complementares e, mais sabiamente, acumulativos.

7. Não podemos esquecer que os humanos mais vaidosos e arrogantes da história fizeram de suas verdades absolutas motivo para guerras injustificáveis e totalmente nocivas à saúde física e mental de suas vítimas (nazismo, as guerras santas etc.). Por isso não acredito em nenhuma corrente política, religiosa, científica ou filosófica que propague verdades absolutas e radicais.

8. E, por fim, o conhecimento, combinado à humildade e ao altruísmo (o sentimento genuíno de ajudar o próximo), cria resultados terapêuticos positivos e concretos.

Você, leitor, deve estar se perguntando agora: o que deu nessa escritora (que antes de tudo é uma médica) para, em vez de falar sobre bioquímica, genética e fatores psicológicos e ambientais como causas dos transtornos depressivos, resolveu filosofar sobre verdades relativas, absolutas e altruísmo?

Pois bem, eu explico: esta médica que vos fala na forma de palavras escritas é, antes de tudo, um ser humano como qualquer outro, que pensa a medicina não como um simples compilado de verdades científicas absolutas, e sim como um dos grandes conhecimentos humanos que compõem a complexa "árvore da vida". Tenho também a humildade, ou talvez um pouco de sabedoria, de ter uma noção de que tudo o que sabemos sobre a vida e o Universo é uma parte ínfima de tudo o que de fato existe. No entanto, se estivermos imbuídos do combustível poderoso do amor ao próximo (altruísmo), esse conhecimento quase insignificante será capaz de grandes efeitos terapêuticos, mesmo que tais efeitos não possam ser cientificamente considerados verdades absolutas (em um determinado momento). Talvez, em um futuro não tão distante, venhamos a descobrir que cada ser possui um funcionamento único e peculiar e, como tal, requer um tratamento individualizado que seja capaz de harmonizar as suas verdades bioquímicas, genéticas, psicológicas e ambientais. Sinceramente, é nessa medicina que acredito, e percebo que o exercício cotidiano não está tão longe.

Apresentarei, a partir de agora, uma série de informações e conhecimentos que apontam para os vários fatores envolvidos no aparecimento dos transtornos depressivos. De forma didática, eu os separei em três grupos causais: o biológico, o genético e o psicológico e/ou ambiental. Gostaria de deixar bem claro que o desenvolvimento da depressão sempre será resultante de um jogo complexo e individual gerado a partir da interação de todos esses fatores. De forma simplificada, as causas biológicas incluem as mudanças da bioquímica do cérebro, bem como as variações nas secreções do corpo (hormônios), e as causas genéticas respondem por uma vulnerabilidade herdada para o aparecimento da depressão. Já as causas psicológicas e/ou ambientais dizem respeito à influência de todas as situações vividas por uma pessoa ao longo de sua existência e aos acontecimentos moduladores que a afetam antes do e durante o processo depressivo. Somam-se a isso as influências culturais às quais cada um encontra-se submetido. Por exemplo, uma pessoa com uma mãe e um avô materno com histórico de depressão herda uma predisposição aumentada ao desenvolvimento dessa doença (fator genético). Essa vulnerabilidade provoca uma série de mudanças no funcionamento bioquímico cerebral (fatores biológicos). Imaginemos que essa pessoa viva uma experiência estressante resultante de uma separação traumática combinada com a perda de seu trabalho (fatores psicológicos/ ambientais). Tudo isso interagirá de modo bastante peculiar e influenciará na apresentação do quadro clínico da depressão, bem como em suas possibilidades terapêuticas ante os seus sintomas depressivos físicos e psíquicos.

1. Causas biológicas

1.1. Funcionamento básico do cérebro

Como já mencionei, as causas biológicas da depressão incluem mudanças ocorridas no funcionamento cerebral, especialmente no seu aspecto bioquímico.

Para entender essas alterações, precisamos ter uma noção mínima de como o cérebro funciona normalmente no comando harmonioso de todos os nossos movimentos, pensamentos, emoções, comportamentos e de nossas funções vitais (circulação, respiração, digestão etc). Para realizar todas essas funções, o cérebro conta apenas com células específicas chamadas neurônios e algumas substâncias denominadas neurotransmissores. Essas substâncias são responsáveis pela transmissão de mensagens entre neurônios das mais diversas áreas cerebrais. Pode até parecer uma operação simples: mensagens passadas de neurônio em neurônio resultam em ações, emoções, pensamentos e funções vitais. No entanto, tudo apresenta uma dimensão bem grande, pois são bilhões de neurônios ligados uns aos outros por "cabos" chamados axônios, que terminam em milhares de estruturas chamadas dentritos. Estes nunca chegam a tocar no outro neurônio. Isso mesmo, os neurônios nunca se tocam fisicamente. Entre eles existe um espaço ínfimo chamado sinapse, no qual os dentritos liberam os neurotransmissores, que acionam quimicamente um estímulo elétrico conduzido dos dentritos até o espaço sináptico do próximo neurônio. Este libera mais neurotransmissores, e assim sucessivamente, em um processo que interliga todo o cérebro a uma velocidade incrível e impossível de ser imaginada – algo em torno de 1/5.000 segundo entre um neurônio e o outro. Dessa forma, nosso cérebro é capaz de reagir a uma série de situações antes mesmo que possamos tomar consciência delas. Por essa razão gritamos de dor ou retiramos a mão de um objeto quente antes mesmo de termos percebido o que estava acontecendo.

Os neurotransmissores caem na fenda sináptica e se encaixam em estruturas denominadas receptores, que "abrem as portas" para que estes entrem no corpo do neurônio seguinte. Ao se acoplarem em seus receptores, os neurotransmissores fazem que os neurônios pós-sinápticos leiam as mensagens trazidas e decidam se os impulsos elétricos devem seguir adiante ou não. Tão logo a informação é passada, os neurotransmissores se soltam do receptor, retornam ao espaço sináptico e podem ser decompostos por uma substância chamada monoaminoxidase (MAO), ou ainda resgatados pelo neurônio anterior num processo conhecido como recaptação dos neurotransmissores (veja figura 3).

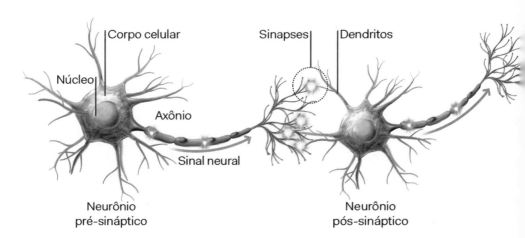

Figura 3. Recaptação dos neurotransmissores.

Estima-se que existam centenas de tipos de neurotransmissores no cérebro humano; no entanto, até hoje, poucos foram identificados. Entre esses, três já são bastante conhecidos e estudados e apresentam uma relação íntima com o funcionamento cerebral na depressão. São eles: a *noradrenalina*, a *serotonina* e a *dopamina*.

1.2. Os neurotransmissores e a depressão

Os neurônios se conectam uns aos outros de diversas maneiras, e essas conexões formam caminhos. Alguns desses caminhos são mais frequentes que outros e recebem a denominação de circuitos neuronais. Entre eles, alguns poucos são específicos para os neurotransmissores acima citados.

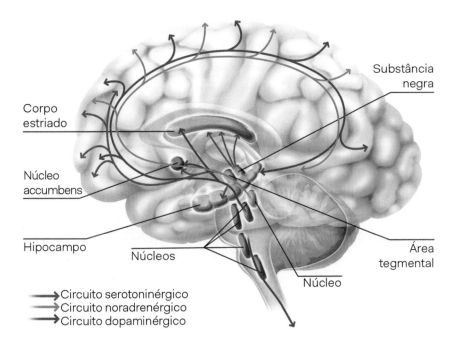

Figura 4. Os circuitos neurais.

A noradrenalina ativa um circuito muito importante que transpassa o hipotálamo e o sistema límbico numa trilha que pode coloquialmente ser chamada de "trilha do prazer", pois, juntos, o hipotálamo e o sistema límbico são responsáveis pelo controle de todas as nossas emoções, de nossos impulsos físicos (apetite, sono e sexualidade) e também de nossa reação ao estresse (físico e emocional). A noradrenalina também está presente em "caminhos" ligados à memória, aos nossos sentimentos e emoções de medo e ansiedade. A serotonina percorre trajetórias semelhantes às da noradrenalina, mas seus "pontos de partida" são diferentes: no caso da serotonina, seus circuitos têm início em uma região onde os neurônios são especializados na regulação do sono e da atividade física e psíquica do nosso organismo. Já a dopamina "navega" em circuitos relacionados às emoções ou sensações mais intensas, como a sensação de prazer imediato (compulsões ou vícios) e a capacidade atentiva e de concentração, bem como a disposição física geral. De forma sempre interconectada, esses três neurotransmissores realizam longas viagens nas mais diversas partes do cérebro e, por isso mesmo, são capazes de controlar e modular muitas das atividades cerebrais que se apresentam disfuncionais nos quadros clínicos de depressão e da euforia.

A participação exata da noradrenalina, da serotonina e da dopamina nos transtornos depressivos ainda não é totalmente conhecida, mas os efeitos antidepressivos de certas medicações confirmam o papel significativo que essas substâncias exercem no desenvolvimento, na modulação e nas respostas terapêuticas dos pacientes acometidos pelas diversas apresentações clínicas da depressão.

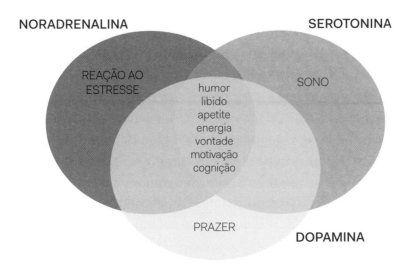

NORADRENALINA

SEROTONINA

REAÇÃO AO
ESTRESSE

humor
libido
apetite
energia
vontade
motivação
cognição

SONO

PRAZER

DOPAMINA

Figura 5. Elaborada por dra. Lya Ximenez.

Certas pessoas deprimidas apresentam melhoras significativas com dois tipos de antidepressivos que aumentam os níveis da noradrenalina no cérebro. São eles: os tricíclicos e os inibidores da monoaminoxidase (IMAOs). Os dois elevam a noradrenalina – os primeiros impedindo sua recaptação, e os IMAOs impedindo a decomposição do neurotransmissor –, e ambos atuam nos espaços das sinapses. Outras pessoas podem apresentar quadro de euforia se usarem os mesmos antidepressivos.

Por outro lado, existem pessoas deprimidas que apresentam níveis de noradrenalina normais ou elevados e baixos níveis de serotonina – algumas delas tão gravemente deprimidas que apresentam alto risco de suicídio. Essas pessoas tendem a ter uma boa resposta terapêutica aos antidepressivos que aumentam os níveis cerebrais de serotonina, os chamados antidepressivos inibidores da recaptação da serotonina (ISRS). De forma aparentemente contraditória, podemos também encontrar pessoas deprimidas com níveis normais ou elevados de serotonina.

Quanto à dopamina, o que geralmente percebemos são níveis reduzidos durante a depressão e elevados na fase da mania (ou euforia). As alterações depressivas da baixa dopaminérgica ficam evidentes quando observamos que determinados remédios utilizados para tratar a hipertensão arterial, como a reserpina, reduzem as taxas de dopamina e podem provocar sintomas depressivos de forma secundária. A associação frequente do mal de Parkinson com a depressão também ratifica o papel das baixas taxas desse neurotransmissor no desencadear e no desenvolvimento dos transtornos depressivos em seus portadores.

As dosagens dos neurotransmissores associados à depressão podem ser feitas no sangue, na urina e no líquor. Por uma questão de praticidade, costumo dosá-los em meus pacientes via sanguínea. No entanto, é importante destacar que, ao medir os níveis séricos dessas substâncias, estamos aferindo seus metabólitos, uma vez que uma parte foi degradada no processo pela enzima monoaminoxidase e uma outra parcela recaptada pelos neurônios no cérebro, como citado anteriormente no texto que antecede a figura 3, na página 72. Além disso, seus níveis não são absolutos, pois uma parte foi recaptada pelos próprios neurônios. Acho importante considerarmos esses resultados, ainda que estimados, pois, ao serem analisados em conjunto com o quadro clínico, a história familiar e todos os demais exames, especialmente os de neuroimagens funcionais, eles podem nos apontar para pertinentes possibilidades diagnósticas e até terapêuticas.

Como afirmei no início deste capítulo, as verdades, mesmo que relativas, também devem ser observadas e consideradas quando nosso objetivo é promover uma redução no sofrimento do outro. Temos que educar nosso olhar para sempre persistirmos nesse caminho. Muitos colegas, especialmente os mais dedicados às pesquisas laboratoriais, questionam se a depressão é causada pelas mudanças nos níveis dos neurotransmissores ou se essas mudanças não seriam consequências da própria depressão. Entendo perfeitamente esses questionamentos, pois hoje sabemos que a química cerebral é capaz de mudar nosso comportamento e vice-versa – este também pode produzir mudanças na bioquímica do cérebro. Esse caminho de mão dupla é denominado neuroplasticidade ou plasticidade cerebral.

Outros cientistas ainda apontam para outra questão relacionada ao papel dos neurotransmissores na doença depressiva: os seus receptores. É fácil entender o porquê desse pensamento: neurotransmissores são "mensageiros" que entregam suas mensagens em mãos por meio dos seus receptores específicos; eles se encaixam como chaves em suas fechaduras, abrem a porta e, lá no neurônio, deixam sua encomenda no endereço certinho. Mas e se essa fechadura começar a apresentar defeito e não deixar mais que abram a porta? Muitas vezes nos deparamos com pacientes deprimidos com níveis normais (de médio para cima) de noradrenalina, serotonina e dopamina que, no entanto, sofrem enormemente com seus sintomas depressivos. Assim, a depressão poderia, nesses casos, ser derivada de um funcionamento defeituoso de um ou mais tipos de receptores. Essa teoria explica em parte por que muitos antidepressivos demoram em média quinze a vinte dias para iniciar seus efeitos terapêuticos em uma parcela significativa de pacientes.

O que importa é que muitos antidepressivos são bastante eficazes no tratamento dos quadros de depressão, mesmo que não saibamos a forma exata como produzem esse resultado.

1.3. O papel dos hormônios na depressão

Os hormônios são produzidos em estruturas denominadas glândulas. Eles chegam a diversas partes do corpo por meio da circulação sanguínea e são responsáveis pelo controle de diversas funções físicas do organismo, como o desenvolvimento sexual e a reação ao estresse. Um número expressivo de pacientes deprimidos apresenta taxas anormais de certos hormônios. Podemos considerar que o cérebro e o sistema endócrino apresentam um ponto de conexão importante no hipotálamo. E este controla uma série de atividades corporais, como o sono, o apetite e o desejo sexual, além de controlar a principal glândula do corpo humano: a hipófise (ou glândula pituitária). Além disso, o hipotálamo, para administrar a produção hormonal do organismo, utiliza em parte a noradrenalina, a serotonina e a dopamina. Podemos afirmar que esses neurotransmissores atuam tanto na depressão quanto na regulação hormonal de todo o corpo. Por isso a dosagem dos grandes grupos hormonais do organismo deve constar da avaliação laboratorial de pacientes deprimidos. Entre esses hormônios, destaco o cortisol, os hormônios tireoidianos, os sexuais, o hormônio do crescimento etc.

Em minha prática médica, observo que em torno de 40% dos pacientes com sintomatologia depressiva importante apresentam níveis elevados de cortisol, e, após a remissão da depressão, suas taxas tendem a se normalizar.

Nas pessoas saudáveis, o cortisol é liberado de forma autorregulada e ajuda o organismo a enfrentar situações de estresse físico e/ou emocional. Tudo se inicia no hipotálamo, que libera o hormônio liberador corticotrófico (CRH). O CRH faz a hipófise liberar o hormônio adrenocorticotrófico (ATCH), que faz com que as suprarrenais liberem cortisol no sangue. Em condições ideais, o hipotálamo exerce uma regulagem para que os níveis de cortisol no sangue estejam sempre adequados. Nas pessoas deprimidas, isso não acontece, e o que observo, na maioria das vezes, é uma relação inversamente proporcional entre os níveis mais elevados de cortisol e reduzidos de noradrenalina, serotonina e dopamina, por vezes de forma única (um deles) ou geral (os três ao mesmo tempo).

Outro aspecto importante relacionado aos níveis de cortisol e transtornos depressivos pode ser observado por um exame denominado *teste de supressão da dexametasona* (DST). Nesse exame, o paciente é orientado a tomar uma determinada dose de dexametasona (um cortisol sintético) antes de dormir, na véspera do exame. No dia seguinte, seu sangue é colhido às 8h e às 16h, para verificação dos níveis de cortisol sanguíneo. Em condições normais, os níveis matinais serão bem reduzidos e tenderão ao normal no final da tarde. Em uma parcela considerável de pacientes deprimidos, especialmente os moderados ou graves (cerca de 60% dos pacientes com esse diagnóstico em minha clínica), não ocorre a redução esperada nos níveis de cortisol matinal. O teste de supressão da dexametasona tem uma função que considero bastante interessante na avaliação mais precisa da resposta terapêutica apresentada pelo paciente deprimido.

Como vimos, nem todos os pacientes apresentam o DST anormal, especialmente os com depressão leve. No entanto, para os 60% com quadros clínicos de depressão moderada ou grave, em que encontramos o DST positivo (ou seja, níveis elevados de cortisol pela manhã após a tomada de dexametasona na véspera), o exame se normaliza após a remissão total da depressão.

Você deve estar se perguntando: "Mas é preciso um exame para constatar que o paciente está bem? Não basta ver sua condição clínica?". Certamente a melhora e a recuperação do paciente deprimido saltam aos olhos; no entanto, alguns pacientes não comparecem ao consultório com acompanhantes que possam nos dar informações precisas de seu dia a dia. Outro aspecto muito importante relacionado aos pacientes deprimidos graves é o fato de eles, ao melhorarem um pouco, sentirem-se com energia suficiente para agir de acordo com seus pensamentos negativos, especialmente os relacionados às possibilidades de suicídio. Pacientes assim podem até fingir que continuam tomando suas medicações e que estão bem, mas só estão tentando colocar em prática a ideia fixa de que apenas a morte poderá de fato libertá-los de todos os seus sofrimentos. Por isso, o DST pode nos dar uma noção exata do estado de recuperação dos pacientes. Costumo dizer que, em medicina, especialmente quando lidamos com pacientes deprimidos, é melhor pecar por excesso, pois a omissão pode ser irreparável.

1.4. O sono e a depressão

Diversos processos físicos do organismo apresentam um ciclo biológico natural, também conhecido como ritmos circadianos, pois ocorrem em média uma vez a cada 24 horas. *Circadiano* é um termo que deriva do latim e significa "cerca de um dia". Entre as funções corporais que se enquadram em ritmos circadianos podemos citar o sono, a temperatura do corpo, a pressão sanguínea e as liberações hormonais. Na depressão, alguns ciclos biológicos podem apresentar intensa alteração. Entre eles, gostaria de destacar o ciclo do sono, uma vez que a alteração do sono é um dos sintomas mais comuns e perturbadores dos pacientes deprimidos. O sono não reparador pode também desencadear transtornos de humor, tanto na depressão quanto na mania, como também agravar e/ou dificultar a recuperação plena desses quadros clínicos.

Um dos exames que confirmam a desregulagem do sono nas doenças depressivas é a *polissonografia noturna*. Nesse exame, um eletroencefalográfico (EEG) registra a atividade elétrica do cérebro enquanto a pessoa dorme. Por esse exame, identificamos basicamente dois tipos de sono: o tipo com presença de sonhos, chamado de sono REM (movimentos rápidos dos olhos), e o tipo sem sonhos, denominado sono não REM. Normalmente, passamos a maior parte do sono na fase não REM do sono. Nessa fase, o cérebro apresenta atividade elétrica reduzida visualizada no EEG na forma de ondas maiores e mais lentas. O sono não REM pode ser dividido em quatro estágios:

Estágio 1: logo ao adormecer, quando o sono ainda é leve e ainda são vistas ondas menores e um pouco mais rápidas.
Estágio 2: inicia-se aproximadamente trinta a quarenta minutos após o adormecer, e o sono começa a se aprofundar.
Estágios 3 e 4: o sono já é profundo, e as ondas elétricas são grandes e lentas.

São nesses estágios, especialmente o 4, que o hormônio do crescimento é liberado, e por isso é comum observarmos níveis reduzidos de GH (hormônio do crescimento) em pacientes com baixa qualidade de sono.

A fase REM costuma se iniciar uma a duas horas após o início do sono, tem duração de alguns minutos, e é nela que sonhamos. Ao longo de toda a noite, pequenas fases REM tornam a ocorrer durante o período não REM. Apesar de serem breves, o sono REM e o estágio 4 do sono não REM são de enorme importância para a recuperação energética do cérebro, pois são os tipos de sono que mais restauram as energias cerebrais para um novo e produtivo dia.

As polissonografias dos pacientes deprimidos frequentemente apresentam um padrão irregular do sono, no qual destaco: sono de latência REM encurtado (entram na fase REM muito mais cedo que o normal) e sono REM reduzido ou ausente nos estágios mais profundos do sono (estágios 3 e 4 da fase não REM). Dessa forma, os deprimidos apresentam as alterações mais significativas do sono justamente nas fases em que ele seria mais importante para harmonizar todas as atividades cerebrais. Por isso eles sempre se sentem cansados, independentemente do número de horas que tenham dormido.

Outra característica que tenho observado nas polissonografias que solicito aos pacientes com sintomatologia depressiva é a presença de episódios de apneia acima da média. A apneia obstrutiva noturna ocorre quando as vias respiratórias são obstruídas – em especial, a traqueia – e o fluxo de oxigênio do organismo é interrompido por alguns segundos em diversos momentos do sono. Essa condição é mais comum em pacientes com sobrepeso ou obesidade, fumantes e/ou pessoas que utilizam doses alcoólicas exageradas antes de dormir. Nesses casos, durante o sono, o cérebro é submetido a um estado de "sofrimento", como consequência dos níveis de oxigênio que se encontram em taxas bem abaixo do necessário para que haja o repouso reparador e a manutenção adequada de todas as atividades basais.

A apneia obstrutiva deve ser sempre pesquisada e, se presente, tratada, pois sua presença prejudica em muito a qualidade de vida e a resposta terapêutica do paciente deprimido. Além disso, a ocorrência de episódios de apneia acima da média pode ocasionar diversas patologias, como infarto do miocárdio, acidente vascular cerebral isquêmico (AVCI), cefaleia matinal, cansaço diurno crônico e falhas mnêmicas.

2. Fatores genéticos da depressão

A doença depressiva e a bipolaridade apresentam uma forte marcação genética, e isso é bem fácil de ser aferido com os pacientes que sofrem de tais transtornos: basta lhes perguntar sobre quadros semelhantes aos seus, e a maioria não terá dificuldades em citar o nome de um ou mais familiares com sintomatologia (atual ou pregressa) similar à sua. O que se herda não é a doença em si, e sim a vulnerabilidade para que ela se desenvolva. E isso não ocorre somente com os transtornos depressivos ou bipolares; doenças como a hipertensão, a diabetes ou a artrite reumatoide também apresentam um forte componente genético responsável pela transmissão da vulnerabilidade para o desenvolvimento dessas patologias.

A tendência à depressão é transmitida por meio de genes de nossos parentes próximos e até mesmo distantes. Tudo indica que vários genes atuam em conjunto na transmissão da vulnerabilidade de uma pessoa às doenças depressivas, pois nenhuma pesquisa científica conseguiu estabelecer uma conexão definitiva entre um único gene específico que estivesse presente em todas as pessoas acometidas pelas mais diversas formas da depressão.

A vulnerabilidade herdada não torna o desenvolvimento dos transtornos depressivos ou bipolares uma certeza. Observo, entre os pacientes com esses transtornos, que a genética costuma responder por no máximo 70% ou dois terços dos casos. Existe um terço ou 30% dos casos em que os fatores psicológicos e/ou ambientais assumem papel preponderante no desencadear e no desenvolvimento dessas doenças.

3. Fatores psicológicos e/ou ambientais da depressão

No meu entender, separar os fatores psicológicos dos fatores externos ou ambientais na depressão é uma tarefa bem difícil, pois o perfil psicológico de uma pessoa determina, em grande parte, a forma como ela reagirá ao seu meio sociocultural e também às situações geradoras de estresse agudo e crônico com as quais depararão ao longo da vida.

A depressão pode ser considerada uma doença bastante democrática quando analisamos a personalidade das pessoas acometidas por ela. Pessoas tímidas, tranquilas, ansiosas, extrovertidas, reflexivas ou mesmo superficiais podem desenvolver essa patologia clínica, desde que sejam expostas às circunstâncias propícias ao desencadeamento dos sintomas depressivos. Não podemos esquecer que a personalidade de cada um de nós é constituída pelo que denominamos de temperamento (parte genética herdada de nossos parentes) e pelo caráter (parte advinda do aprendizado gerado por hábitos, experiências cotidianas, educação e ambiente sociocultural). Dessa forma, podemos afirmar que a personalidade resulta de uma interação complexa e individualizada entre a herança genética e os fatores socioculturais a que uma pessoa é submetida. Percebo que alguns aspectos presentes na maneira como algumas pessoas pensam e agem as tornam mais suscetíveis ao desenvolvimento dos transtornos depressivos. Entre os mais frequentes, destaco:

• pessoas que se cobram demais apresentam dificuldades de relaxar e/ou de solicitar ajuda a outras pessoas

- pessoas pessimistas, com tendência a se preocupar em excesso, e com elevados níveis de autocrítica
- pessoas que necessitam ter controle sobre tudo e todos ou que dependem excessivamente de satisfazer as expectativas alheias

Pessoas com um ou mais desses aspectos em sua personalidade costumam ser pouco flexíveis e muito estressadas. Por isso tendem a reagir mal perante as adversidades e frustrações inerentes ao ato de viver.

Outro aspecto que tenho observado com certa frequência nas pessoas com depressão, especialmente naquelas com tendência a desenvolvê-la em sua forma crônica, é a falta de um sentido maior na vida. Elas não vislumbram algo capaz de movê-las para além da simples sobrevivência ou do conforto material; algo capaz de transcendê-las em vida. Esse assunto será visto de maneira mais detalhada no capítulo 11, "Depressão e espiritualidade".

Quanto aos fatores ambientais, observo que alguns apresentam efeitos significativos no desencadear e no próprio desenvolvimento do processo depressivo. Entre eles, destaco situações que produzem uma reação importante de estresse agudo (traumas relevantes) e as capazes de promover um estado de estresse crônico.

- **Estresse agudo:** ocorre como consequência de um evento traumático. Entre os mais comuns, estão: perda do/a companheiro/a por morte ou divórcio, ou morte de algum familiar muito próximo – em geral, mãe ou pai; perda de emprego por mudanças tecnológicas e, consequentemente, perda de função profissional; ser vítima de um desastre natural com perda de moradia e/ou amigos; ou, ainda, ser vítima de um grave acidente de carro provocado por motoristas imprudentes

- **Estresse crônico:** ocorre quando dificuldades mais intensas estão presentes na vida de alguém de forma diária e por um longo período de tempo. Corresponde a algo em torno de dezoito meses a três anos. Durante esse período, a pessoa vivencia um esforço constante para dar conta de vários "papéis" simultaneamente (familiares, profissionais e/ou sociais). Isso acaba por provocar uma sobrecarga responsável por produzir sintomas depressivos que podem evoluir para quadros moderados e até mesmo graves, caso não sejam detectados e tratados precocemente

É importante destacar que existem épocas de transição em nossa vida em que somos obrigados a assumir novas e desafiadoras funções, sejam elas pessoais e/ou sociais. Pessoas mais vulneráveis apresentam maior probabilidade de desencadear quadros depressivos nessas fases da vida. Entre as etapas mais importantes na vida do ser humano, destaco as seguintes:

- **Final da adolescência:** época marcada pelo afastamento das influências familiares para se estabelecer como adulto independente
- **Faixa entre os 30-50 anos:** também conhecida como meia-idade. Nessa época, questionamentos sobre fertilidade (em especial, mulheres) e progressos profissionais (ambos os gêneros) costumam estabelecer grandes reflexões de aspecto mais pessimista
- **Faixa entre 60-80 anos:** geralmente coincide com os anos após a aposentadoria e os questionamentos sobre o que fazer da vida, bem como a redução de prestígio social e de recursos financeiros

Como pudemos observar durante todo este capítulo, as causas das doenças depressivas são complexas e, de certa forma, ainda apenas parcialmente conhecidas. Sabemos muito mais do que sabíamos há um século; no entanto, temos consciência de que muito ainda temos a aprender sobre essa doença que afeta milhares de pessoas ao redor do mundo e poderá ser a segunda causa de incapacidade funcional até 2020, de acordo com os dados da OMS (Organização Mundial da Saúde).

Buscar o entendimento mais profundo dos transtornos depressivos é a maneira mais efetiva de desenvolvermos novas terapias medicamentosas e complementares. Somente assim poderemos guiar os pacientes rumo a um estilo de vida mais saudável e especialmente mais feliz. Muitas pessoas costumam propagar o poder "contagiante" da depressão, mas, no meu ponto de vista, tais pessoas desconhecem o poder revolucionário da alegria e da felicidade. É por isso que não me canso de estudar e buscar alternativas que possam ajudar os deprimidos nessa árdua caminhada em busca de um jeito mais leve de ver, sentir e viver a vida.

A depressão entre crianças e adolescentes altera de forma significativa o relacionamento deles com a família, o desenvolvimento do convívio social e o rendimento escolar...

5
DEPRESSÃO INFANTOJUVENIL

Quando iniciei minhas atividades psiquiátricas em consultório particular, eu não imaginava que atenderia crianças ou adolescentes. Em meus conceitos sobre o comportamento humano por volta dos meus vinte e poucos anos, os adultos vitimados por seu cotidiano estressante, responsabilidades profissionais, sociais e familiares tinham razões de sobra para se deprimir, se afogar em ansiedade e até mesmo fugir da realidade em surtos psicóticos. Minha formação acadêmica, sobretudo a relacionada à saúde mental, ainda era fortemente influenciada pelos estudos de Sigmund Freud. No início do século passado, mais especificamente em 1917, Freud acreditava que a depressão apresentava em seu quadro clínico os sintomas principais de "redução do sentimento de autoestima" e "expectativas ilusórias de punição", entre outros de menor significado. As conclusões de Freud sobre esses dois aspectos no psiquismo infantil foram as seguintes: crianças não possuíam capacidade de ter autoestima, uma vez que se tratava de uma função do superego. Para ele, crianças viviam sob o domínio do id e, por isso, eram movidas por seus impulsos de prazer imediato. Quanto às "expectativas ilusórias de punição", ou seja, sentimentos de culpa relacionados às consequências de seus atos ou escolhas, elas também não possuíam a habilidade de vislumbrar suficientemente o futuro para que tais sentimentos e desesperança pudessem povoar seu psiquismo. Desse modo, ele concluiu que crianças, definitivamente, não podiam ficar deprimidas, pelo menos não como os adultos se mostravam capazes de vivenciar a depressão em toda a sua plenitude e nas mais diversas formas de sofrimento.

Sob essa influência freudiana, segui convicta em meus objetivos de tratar quem precisasse e almejasse por ajuda mais urgente. Eu recebia muitos adultos jovens – na sua maioria, mulheres – e idosos que se queixavam de uma dor profunda, maior que eles mesmos, e que lhes havia roubado toda a alegria e a esperança de viver. Pessoas que já estavam dispostas a abdicar da vida, uma vez que esta havia se tornado uma experiência inóspita e sombria em que o passar dos dias era vivenciado como um "arrastar de correntes" sem fim. Muitos falavam abertamente que não desejavam mais viver e lamentavam a minha triste sina de tentar auxiliar na "cura" de um problema sem solução. Confesso que tratar um deprimido e vê-lo "ressurgir das cinzas" de uma mera sobrevivência para a claridade plena do viver é um dos sentimentos mais extraordinários que um médico pode experimentar. De alguma forma, restabelecer a esperança e o desejo de retomar a caminhada da vida a outro ser é uma dádiva que não tem como ser explicada, pois expressa um sentimento que transcende a nossa condição humana. Por isso, sou grata ao Poder Superior (que a maioria de nós denomina Deus) por ter esse privilégio em meu ofício. E clamo para que eu tenha saúde e lucidez para manter essa missão até os últimos dias desta curta mas adorável jornada vital. E, se possível, que essa missão possa se perpetuar por outras vidas que acredito existirem.

Foi exatamente atendendo os adultos que as crianças começaram a chegar até mim. No início, muitas vinham tímidas e amedrontadas acompanhando seus pais, que não tinham com quem deixá-las durante a consulta. Falavam pouco, mas observavam muito.

Era uma quarta-feira, e a primeira paciente do dia era Fátima, uma mulher de 38 anos que eu tinha atendido havia um mês com um quadro de depressão grave. Na primeira consulta, Fátima encontrava-se muito magra, sem condição alguma de se expressar e com um olhar profundamente triste e distante, típico das pessoas que já "deram o viver por vivido". Na ocasião, ela viera acompanhada somente do marido, mas agora, na consulta de retorno, tinha um novo parceiro: seu filho Matheus, de oito anos. Ao abrir a porta de minha sala para chamá-la, deparo com uma cena que poderia ser intitulada de "fotografia da alegria". Na sala de espera vejo outra mulher, os olhos vívidos, a aparência bem cuidada, sentada no sofá ao lado de Matheus. Os dois sorriam com a leitura de um livro que ele tinha nas mãos. Fátima se levantou do sofá e veio de mãos dadas com o filho Matheus e, com espontaneidade, me beijou e me deu um abraço longo e aconchegante. Pensei comigo: "Ela está de volta!". A consulta transcorreu muito bem, e, no final, ao me despedir, levando-os em direção à porta, Matheus pegou a minha mão e disse: "Tia, eu quero falar com você sozinho". A mãe estranhou e, ciumenta, como todas as boas mães são, disse: "Você agora tem segredos com a mamãe?". Brinquei com ela e disse: "As crianças têm seus segredos, e somente os médicos e os padres podem saber". Rimos, fechei a porta, e Matheus se sentou à minha frente e disse: "Tia, queria agradecer por trazer minha mãe de volta. Não sei como você fez isso, mas não para de fazer. É muito triste ver a mãe da gente de cama sem ligar pra nada. Mas queria pedir um favor: você poderia examinar a cabeça da minha irmã? Ela tem treze anos e não sai mais do quarto, chora muito e se acha a pior menina da escola. Acho que ela tem a mesma coisa que a mamãe tinha. E faz tempo que ela está assim. Você chama ela?". Tentei ponderar com Matheus que eu não atendia crianças nem adolescentes, mas que poderia indicar um colega especializado para atender sua irmã. Ele não se conformou e me respondeu: "Não concordo! Como você já atendeu e ajudou a mamãe e sabe tudo da nossa família, vai ser mais fácil a Luiza se abrir e confiar em você. Ela mesma me pediu pra falar com você!".

Diante das argumentações sensatas e da pura ousadia de Matheus em lutar pela felicidade de sua família, eu disse meu primeiro sim para atender crianças e adolescentes.

De lá para cá, muitas outras vieram, e pude constatar que Freud estava redondamente enganado: crianças podem ficar deprimidas, e realmente ficam! Hoje, a maioria dos meus pacientes ainda é de adultos, mas, de tempos em tempos, peço às minhas secretárias que agendem consultas com crianças e adolescentes. Por que essa mudança de atitude? Porque com elas aprendo muito. A maneira como enxergam o mundo e o universo ao redor delas de fato é peculiar. E peculiar também é a forma como desenvolvem e apresentam os quadros de depressão.

Este capítulo tem o intuito de dividir com vocês um pouco do tanto que meus pequenos e nem tão pequenos assim me ensinaram sobre a depressão e o impacto devastador que ela pode ter na vida deles. E até hoje agradeço ao Matheus – agora médico e pai de duas lindas meninas – a oportunidade que ele me deu de ser uma médica e uma pessoa melhor, utilizando as lentes infantojuvenis para rever pensamentos e posturas no meu cotidiano. E agradeço ainda mais por sua última frase para me convencer a atender a Luiza: "Tia, todo adulto já foi criança; se você atender minha irmã, vai poder atender as crianças que todos os adultos carregam dentro deles. Você não percebeu hoje que a minha mãe voltou a brincar comigo?".

Com Matheus aprendi também que não existem argumentos técnicos capazes de fazer frente às ponderações inteligentes, especialmente quando elas são geradas pelo afeto e pelo desejo genuíno de fazer o bem a quem amamos de verdade. Como dizia meu amigo Içami Tiba, "Quem ama cuida".

Um problema mais comum do que imaginamos

Os tempos dominados pelas falsas crenças de que as crianças e os adolescentes não apresentavam maturidade mental suficiente para sofrer de depressão se foram, graças a pessoas que insistiram em não aceitar como absoluta nenhuma verdade que envolva o comportamento humano. Os estudos mais recentes mostram que a depressão é uma doença que pode atingir pessoas de todas as faixas etárias. Crianças e adolescentes estão sujeitos a desenvolver os mesmos tipos de depressão que os adultos.[1] No entanto, ainda falhamos muito no reconhecimento e no diagnóstico desse transtorno entre os mais jovens. Por essa razão, a maioria deles não recebe o tratamento necessário para que o alívio e o findar de suas dores mais profundas possam ocorrer de forma precoce e eficaz.

Segundo Jeffrey A. Miller, em seu livro *O livro de referência para a depressão infantil*, a depressão ocorre em até 2,5% das crianças e 8,5% dos adolescentes nos Estados Unidos. A prevalência da depressão nessa faixa etária também varia com o sexo. Sintomas depressivos são duas vezes mais comuns em meninos na pré-puberdade, de sete a doze anos. No entanto, entre meninas com idade acima de doze anos, os sintomas depressivos

---

1. American Psychiatric Association (APA). Disponível em: <https://www.psychiatric.org.>.

são duas vezes mais frequentes do que em meninos. Isso sugere a importância dos fatores genéticos, biológicos, sociais e culturais no desenvolvimento do transtorno depressivo.

No Brasil, estudos realizados por Fleitlich-Bilyk e Goodman[2] revelaram uma prevalência de 1% entre jovens dos sete aos catorze anos para todos os tipos de transtornos depressivos. O mesmo estudo não revelou diferença estatisticamente significativa entre os gêneros sexuais, mas evidenciou uma importante variação na prevalência entre estudantes de escolas públicas e particulares, sendo os índices mais elevados nos jovens das primeiras. Os autores também não evidenciaram diferenças expressivas entre os jovens do meio rural ou urbano.

A partir do primeiro episódio de depressão, a pessoa, seja criança ou adolescente, tem 50% de chance de sofrer outro episódio nos cinco anos seguintes. O suicídio ocupa o terceiro lugar entre as causas de morte entre jovens de quinze a 24 anos e o sexto lugar como causa de morte de crianças de cinco a quinze anos. E o índice de suicídio de crianças e jovens entre cinco e 24 anos triplicou desde 1960.[3] No final da adolescência, os jovens passam a apresentar quadros de depressão com padrões de sexo e frequência bastante semelhantes aos dos adultos em geral.

O mais importante, a meu ver, é destacar que a depressão entre crianças e adolescentes altera de forma significativa o relacionamento deles com a família, o desenvolvimento do convívio social e o rendimento escolar, além de predispor esses jovens ao abuso de álcool e drogas e aumentar seus riscos de suicídio.

---

2. B. Fleitlich - Bilyk e R. Goodman. "Child and adolescent psychiatric disorders in southeast Brazil".
3. Ibid.

A boa notícia é que o tratamento precoce da depressão nessas faixas etárias é capaz de reduzir em muito a gravidade e o tempo de duração da doença, além de diminuir significativamente as chances de eles desenvolverem complicações futuras.

O diagnóstico

O diagnóstico da depressão em crianças e adolescentes é baseado nos mesmos critérios utilizados na avaliação dos adultos. No entanto, a forma como eles apresentam alguns sintomas tende a ser diferente. E é sobre essas sutis diferenças que devemos repousar toda a nossa atenção. Vou tentar dividir de maneira mais didática a sintomatologia depressiva dessa faixa etária em três grupos principais, já que cada um deles tende a apresentar suas características peculiares.

- **Na faixa etária de dois a seis anos:** nesse período, os sintomas mais habituais consistem em choro frequente, dificuldade de se manter atento em atividades lúdicas ou total desinteresse por brincadeiras que antes lhes interessavam. Nesse grupo, o relato dos pais e/ou cuidadores domésticos é de fundamental importância para o médico detectar os sintomas depressivos, especialmente para as crianças que não frequentam creches ou escolas e, por isso, não contam com as observações e os relatórios produzidos por profissionais da área da educação (professores, assistentes sociais, psicopedagogos, psicólogos etc.)

- **Na faixa etária entre sete anos até a puberdade ou adolescência:** aqui os sintomas são mais numerosos e mais facilmente observados. Eles se apresentam na forma de fisionomia entristecida, estado de aborrecimento constante, retração com familiares e amigos, desatenção e dificuldade de dar conta dos trabalhos escolares, desencorajamento e insegurança para as atividades sociais e pensamentos impregnados de assuntos de conteúdo mórbido

- **Na adolescência:** o reconhecimento da depressão é mais difícil, já que os sintomas depressivos podem facilmente ser atribuídos à fase de crescimento ou mesmo às alterações hormonais típicas dessa fase da vida. É normal e esperado que adolescentes discutam com seus pais e professores na defesa de seus ideais e na construção de sua identidade. Os sintomas depressivos mais frequentes entre eles são queixa constante de cansaço, abandono de suas atividades preferidas, isolamento social, queda no rendimento escolar, recusa em colaborar com as atividades familiares e escolares, discussões frequentes e intensas com seus pais e/ou professores, comportamentos de risco (autoagressão) e, ainda, a presença de pensamentos mórbidos e/ou suicidas. Considerando esses aspectos, cabe ao psiquiatra e/ou psicólogo ter o bom senso de averiguar a frequência, a intensidade e a duração de todos os sintomas relatados pelo próprio adolescente, por seus familiares e amigos na elaboração do diagnóstico

É importante destacar que, na adolescência, as meninas apresentam o dobro de chances de sofrer de depressão do que os meninos. E essa tendência permanece nas mulheres de forma mais expressiva durante toda a vida adulta.

Outro aspecto importante que observamos é a ocorrência de história familiar bem marcada entre adolescentes depressivos.

Além da história familiar, muitos outros aspectos contribuem para que uma criança ou um adolescente apresente um quadro de depressão clínica. Entre eles, eu gostaria de citar os que observo com maior frequência: presença de dificuldades na aprendizagem escolar (TDAH, dislexia, discalculia etc.); morte de um dos pais – especialmente da mãe – ou perda de alguém muito importante para eles (padrinhos, tios, avós ou amigos); situações de grave estresse familiar (briga entre os pais, desemprego, doença crônica de um familiar muito próximo etc.); situações de negligência ou abuso (físico ou psicológico); presença de doenças crônicas, como diabetes ou doenças autoimunes; ou ainda traumas diversos, como assaltos violentos, presenciar a morte de algum amigo de forma traumática etc.

Combinações perigosas

Infelizmente, crianças e adolescentes costumam apresentar outros transtornos emocionais ligados a seu quadro de depressão. Denominamos essa situação de *comorbidade*, ou seja, quando uma condição clínica acompanha outra, tornando o quadro clínico mais complexo, com características mais abrangentes e solicitando uma atenção mais apurada e um tratamento mais detalhado. Na minha prática clínica, observo que os transtornos de ansiedade, TDAH, transtornos alimentares e uso abusivo de drogas são as comorbidades mais frequentes entre os jovens portadores dos diversos transtornos depressivos. Entre todos esses, a ansiedade de separação, o pânico, as fobias, o TOC e o TEPT são disparadamente os mais associados. E, muitas vezes, antecedem o início do transtorno depressivo. Abaixo, descreverei cada um deles de forma simplificada e resumida para proporcionar um melhor entendimento das diversas facetas nas quais a depressão pode se apresentar.

Transtorno de ansiedade de separação

Esse transtorno é diagnosticado quando uma criança vivencia um nível de ansiedade bem mais elevado do que se espera quando ela se separa de uma pessoa com quem possui forte vínculo afetivo – em geral, da figura materna. Essa ansiedade exacerbada pode ser observada pela presença dos seguintes sintomas: medo de ficar em casa sem os pais, recusa de dormir sem ter os pais por perto, queixas físicas frequentes quando está longe dos pais, resistência ou recusa em ficar na escola, pesadelos sobre a separação dos pais, preocupação excessiva com a saúde e a integridade física dos pais ou de pessoas com quem mantenha vínculo afetivo importante, pensamentos recorrentes quanto a se perder ou ser sequestrada e afastada de seus pais e angústia excessiva quando os pais saem ou quando há a expectativa de isso ocorrer.

É importante destacar que, antes dos dois anos de idade, as expressões de aflição das crianças não devem ser consideradas como um diagnóstico de ansiedade de separação, e sim um indício de que as necessidades básicas para o desenvolvimento salutar da criança não devem estar sendo atendidas.

Transtorno do pânico

Nesse quadro, a criança ou o adolescente apresenta sinais e sintomas do que chamamos de ataque de pânico, cujo início é súbito e costuma durar em média de vinte a quarenta minutos.

Para o diagnóstico ser feito, deve ser apresentado mais de um ataque de pânico. O ataque de pânico parece surgir do "nada" e, de forma intensa, faz com que esses jovens experimentem os seguintes sintomas: aceleração dos batimentos cardíacos, sensação de falta de ar, suor excessivo, tremores e agitação, dores ou desconforto no peito, náuseas ou dores abdominais tipo cólicas, tontura, sensação de engasgo, medo de enlouquecer, formigamentos, calafrios ou ondas de calor, perda da sensação da realidade ou sensação de morte iminente.

O grande problema do pânico é que, após sofrer os ataques, crianças ou adolescentes começam a evitar qualquer situação relacionada à ocorrência dos sintomas, e isso, por vezes, promove uma recusa desses jovens em ir à escola, participar de eventos sociais e até mesmo sair de casa. Por isso, a identificação do quadro e o tratamento devem ocorrer o mais precocemente possível, para que as rotinas comportamentais não sofram profundos abalos.

Fobias/ fobia social

As fobias se caracterizam por um medo excessivo de coisas ou situações específicas, como fobia de um determinado animal (cobra, barata, gato, cachorro etc.) ou de altura, lugares fechados ou, ainda, de contato social. De todas, a mais limitante para crianças e adolescentes costuma ser a fobia social. Ela se apresenta na forma de um medo exacerbado e persistente de situações sociais ou de desempenho em que o jovem (criança ou adolescente) tem que se expor a pessoas desconhecidas ou a possíveis avaliações por parte de outras pessoas (provas orais, apresentação de trabalhos em grupo).

Na cabeça de crianças e adolescentes com fobia social, existe um enorme temor sobre o seu desempenho, que tende a ser visto como algo muito embaraçoso ou mesmo humilhante. Essa maneira de pensar gera uma sensação de intensa ansiedade, que pode assumir a forma de um ataque de pânico quando o indivíduo é exposto a esse tipo de situação social ou escolar.

De modo diverso dos adultos com fobia social, que apresentam consciência crítica sobre seu medo de exposição social ser excessivo e injustificável, as crianças costumam ver esse medo como algo que faz sentido e deve ser temido de fato. Percebidas de modo mais irracional, tais situações tendem a ser evitadas pelos jovens a qualquer custo, ou vivenciadas com enorme aflição e sofrimento. A fobia social tanto pode anteceder a depressão quanto torná-la mais intensa e duradoura. Em ambos os casos, sua presença agrava o retraimento social, os pensamentos negativos e os sentimentos de menos-valia e desesperança.

Transtorno obsessivo-compulsivo (TOC)

Jovens com TOC sofrem com pensamentos obsessivos e compulsões. Os pensamentos obsessivos são sempre de conteúdo negativo e de caráter intrusivo, recorrentes e persistentes, ou seja, a criança ou o adolescente pensa um monte de coisas ruins de forma repetitiva e sem controle sobre esses pensamentos, uma vez que eles se introduzem em sua mente independentemente de sua vontade. Além disso, tais pensamentos tendem a ser irracionais e em total contradição com a realidade que os cerca. Por exemplo, uma criança imagina uma faca saindo da gaveta, grudando em sua mão e, sem nenhum controle racional, atingindo e ferindo sua mãe ou seu irmão. Para lidar com esses pensamentos, a criança tenta ignorá-los ou ainda neutralizá-los com algum outro pensamento ou com a execução de uma ação (compulsões).

As compulsões ou "manias" são comportamentos repetitivos, como lavar as mãos, fazer checagens (de portas, fechaduras) ou ainda a realização de ações mentais, como rezar ou repetir palavras de forma silenciosa. Os jovens realizam as compulsões em resposta aos pensamentos obsessivos, e, na maioria absoluta dos casos, essas compulsões seguem regras rígidas que demandam tempo e muito sofrimento por parte dos pacientes.

As compulsões ou "manias" visam prevenir ou reduzir a aflição ou evitar que um pensamento temido se torne realidade. Essa situação interfere significativamente na rotina desses jovens, comprometendo de maneira exaustiva seu desempenho escolar, os relacionamentos familiares e as atividades sociais.

Jovens com TOC tendem a se deprimir por "exaustão mental", e seus pensamentos autodepreciativos são mais frequentes e intensos. Eles remoem situações embaraçosas vividas em público por muito mais tempo que crianças sem TOC. Esse "remoer" pode levar horas, dias, meses e até anos.

Outra situação bastante comum nas crianças com TOC e depressão comórbida é o que os franceses chamam de *folie du doute*, ou "mania de duvidar". Elas conferem inúmeras vezes se as portas de casa estão fechadas, se colocaram os deveres de casa na mochila ou se cometeram algum erro em suas tarefas. Elas duvidam o tempo todo de que tenham feito as coisas certas, quando na verdade as fizeram. A mania da dúvida é um sinal flagrante do TOC e pode ser percebida facilmente por pais e familiares mais atentos à rotina de seus filhos.

Transtorno do déficit de atenção (TDAH)

As principais características do transtorno do déficit de atenção/ hiperatividade (TDAH) são a desatenção, a hiperatividade e a impulsividade. Muitas crianças costumam demonstrar alguns desses sintomas num determinado dia, mas a criança com TDAH apresentará esses sintomas – ou a maioria deles, especialmente a tendência à dispersão – antes dos sete anos de idade e num grau que provoca disfuncionalidades adaptativas (em casa ou na escola) e se mostra inconsistente com seu nível mental em mais de uma situação. Como exemplo disso, podemos citar: dificul- dades em manter-se atenta; parecer não ouvir quando se fala com ela; perder diversas coisas necessárias às suas tarefas; es- quecer-se com frequência das atividades cotidianas; mexer as mãos ou as pernas, correr, escalar excessivamente em situações inadequadas e de maneira frequente; agir sempre como se esti- vesse "a mil" ou falar de modo demasiado; adiantar as respostas antes de as perguntas serem terminadas; apresentar dificuldade de esperar sua vez; interromper ou se intrometer nos assuntos dos adultos ou nas brincadeiras de outras crianças, provocando brigas e confusões.

Apesar de não ser um transtorno comórbido tão frequente com a depressão como os transtornos ansiosos, fiz questão de citá-lo neste capítulo em virtude do grande número de crianças e adoles- centes que tratei e trato em função do meu livro *Mentes inquietas*.

Desta feita, minhas estatísticas com o TDAH tendem a ser bem mais expressivas do que a média geral. Por isso posso des- tacar que crianças com TDAH, na maioria das vezes, apresentam problemas sociais e acadêmicos. Esses aspectos fazem com que elas tenham um sentimento de menos-valia e de inadequação que, quando não são bem avaliados e tratados, costumam desencadear quadros depressivos de intensidade variáveis. Por outro lado, os sintomas do TDAH podem se confundir com alguns sintomas depressivos, como dificuldade de dormir, de concentração e a própria inquietação física presente em alguns casos de ambos os transtornos.

Bem menos frequente, o transtorno bipolar também pode ser confundido com o TDAH. Os sintomas coincidentes entre os dois transtornos incluem a expressão impulsiva e/ou a hiperatividade física e mental. No entanto, devemos destacar que, no TDAH, essas alterações são constantes e presentes desde muito cedo, caracterizando quase uma "maneira de ser" da criança, e não um momento ou fase de dificuldades, como são os transtornos do humor (depressivos ou bipolares).

Transtornos alimentares

Os transtornos alimentares são definidos como alterações mentais em que há uma distorção da autoimagem corpórea associada a um comportamento alimentar francamente disfuncional. Eles incluem a anorexia nervosa e a bulimia nervosa. Existe uma predominância de aparecimento em meninas adolescentes, o que não impede a existência de meninos com esses quadros.

É bastante frequente encontrarmos um grau significativo de depressão em adolescentes com anorexia nervosa. Esses jovens se veem gordos, mesmo quando exibem uma magreza visivelmente prejudicial à saúde. Eles transformam sua dieta alimentar em uma verdadeira obsessão. Seus hábitos alimentares são inusitados e extremamente restritivos: limitam-se a comer quantidades ínfimas de alguns alimentos selecionados.

Usualmente apresentam também um comportamento compulsivo relacionado aos exercícios físicos aeróbicos, ao uso de laxantes e outros medicamentos para emagrecer e a provocar vômitos para eliminar os raros alimentos ingeridos.

No caso da bulimia nervosa, existe uma associação mais direta com a depressão, pois, na maioria das ocorrências, é possível detectar um ou mais familiares diretos com transtornos depressivos. Na bulimia, a pessoa faz uma ingestão exagerada de alimentos – em geral, extremamente calóricos – e depois provoca o vômito ou outro tipo de purgação (laxante, diuréticos) para evitar o ganho de peso.

Tanto a anorexia quanto a bulimia guardam grande associação com a depressão, e essa combinação torna ainda mais difícil um tratamento que por si só já é bastante complexo.

Transtorno do estresse pós-traumático (TEPT)

O TEPT ocorre em crianças e adolescentes que sobreviveram a uma experiência brutal ou a presenciaram, como um grande incêndio, um acidente automobilístico grave, uma agressão física, um sequestro, um tiroteio ou abuso sexual. Eles podem desenvolver uma série de alterações emocionais e comportamentais persistentes em consequência do trauma. Em geral, passam a apresentar dores de cabeça e de estômago, têm problemas com o sono, passam a ter medo de se afastar dos pais, evitam fazer qualquer coisa que fuja de sua rotina, tendem a reconstituir a experiência traumática em brincadeiras ou ainda a apresentar comportamentos regredidos de quando eram menores.

A depressão é frequente após algum tempo desse quadro, pois em geral as crianças se culpam e tendem a assumir mentalmente a responsabilidade por tudo o que aconteceu. Dessa forma, sentem-se pessimistas, impotentes e desesperançosas em relação ao futuro.

É importante destacar que jovens com transtornos ansiosos ou depressivos preexistentes ou que tenham sofrido uma perda afetiva precoce apresentam uma chance maior de desenvolver o TEPT.

Abuso de drogas

Resolvi tratar desse assunto aqui por alguns motivos. Em primeiro lugar, porque, em nossa sociedade, crianças e adolescentes estão expostos ao álcool e a diversas outras drogas cada vez mais cedo.

A indústria das drogas tem um marketing poderoso, feito no "boca a boca" e difundido em grandes eventos de entretenimento, onde milhares de jovens se reúnem por um longo período. Os traficantes sabem muito bem onde encontrar e como seduzir os seus consumidores. Eles não vendem somente drogas; vendem um conceito de rebeldia, criatividade, poder e popularidade – o que, convenhamos, é uma propaganda perfeita para iludir e estimular o consumo das drogas entre os jovens, que buscam se afirmar ante os seus grupos sociais e se rebelar contra as regras vigentes, sem uma avaliação mais profunda e amadurecida da vida. Os jovens querem mudar o mundo aqui e agora e ser felizes ontem! Nesse contexto, as drogas se encaixam com perfeição em seus planos imediatistas. Afinal, os traficantes sabem disso, e utilizam muito bem o momento de inquietude natural da adolescência para transformá-los em consumidores fiéis. Em pouco tempo, os traficantes ganham muito dinheiro, isento de qualquer tipo de imposto, e os jovens adquirem uma verdadeira tempestade de problemas em sua vida, com direito a muitas perdas e nenhum ganho. As perdas incluem as acadêmicas, as afetivas, de saúde, de lucidez, de memória, de capacidade de realizar seus sonhos etc. As drogas fazem com que os jovens "sonhem" e "criem" muito, mas nada disso se transforma em algo concreto que possa de fato revolucionar sua vida ou a sociedade de maneira realista e produtiva. Eles se transformam nos "engenheiros de obras prontas": falam, questionam muito, mas na verdade fazem muito pouco e se tornam cada vez mais dependentes dos pais, que tanto criticam e desafiam. E, como bons usuários abusivos e/ou dependentes, comportam-se como excelentes consumidores alienados que compram qualquer substância sem saber a procedência, pureza ou segurança. Além disso, alimentam as indústrias mais lucrativas do mundo – a de drogas e a de armas –, que, juntas, geram a violência brutal que os jovens tanto combatem e da qual se tornam vítimas passivas.

Nesse triste contexto, muitos jovens experimentam o álcool e as demais drogas, incluindo as sintéticas. Alguns deles, principalmente aqueles com histórico familiar de dependência química, desenvolverão o uso abusivo e/ou a dependência de uma maneira mais frequente e intensa.

Os sintomas de abuso de álcool e de outras drogas podem ser semelhantes aos da depressão, por isso é preciso distinguir com clareza as duas situações, uma vez que as abordagens terapêuticas são bem diferenciadas nos dois quadros. Os jovens que abusam de álcool e drogas costumam apresentar os seguintes sintomas: gastam mais dinheiro, podendo, inclusive, furtar os familiares; faltam a muitas aulas e apresentam queda expressiva no rendimento escolar; estabelecem novas amizades com jovens que também usam drogas e se ligam intensamente a eles; evitam participar da vida familiar; deixam de lado os velhos amigos;

vivem fazendo e recebendo ligações telefônicas "secretas"; mentem sobre locais para onde vão, ou sobre onde e com quem estiveram; dormem demais ou muito menos que o habitual; trocam o dia pela noite; mostram-se distantes todo o tempo ou apresentam emagrecimento sem motivo aparente.

No início, de fato o álcool e outras drogas podem confundir pais e médicos sobre a possibilidade de o jovem apresentar um quadro depressivo. Mas uma apuração detalhada pode distinguir um transtorno do outro e definir qual dos quadros se estabeleceu primeiro. Isso é de fundamental importância, pois observo que, na maioria dos casos, a depressão se apresenta como uma complicação secundária ao uso abusivo dessas substâncias, e não o oposto. A presença do transtorno depressivo secundário ao abuso de álcool e/ou drogas certamente sinaliza um prognóstico mais difícil, um quadro mais crônico que demandará um acompanhamento mais longo e multidisciplinar (psiquiatra, psicólogo, profissional de educação física, nutricionista e grupos de ajuda).

O tratamento da depressão na infância e na adolescência e os demais transtornos associados serão vistos de forma detalhada e mais específica no capítulo 10, "Tratamento dos transtornos depressivos: uma história recente e com um futuro promissor".

Apesar de não ser uma consequência natural do envelhecimento, as estatísticas deixam claro que a depressão é comum nessa fase da vida, e sua identificação e seu tratamento precoces são essenciais no restabelecimento da saúde geral dos idosos.

6
DEPRESSÃO NA TERCEIRA IDADE

A depressão não é uma consequência natural do envelhecimento, como se imaginava no passado. A população geriátrica cresce no mundo inteiro em função do avanço da medicina e de um maior conhecimento das pessoas em geral sobre alimentação e comportamentos mais saudáveis. Isso faz com que todos envelheçam com mais saúde e mantenham-se ativos e produtivos por muito mais tempo. Eu mesma tenho um número significativo de amigos e amigas na faixa dos setenta, oitenta e noventa anos com saúde física e mental de fazer inveja a muitos adultos na faixa dos trinta e quarenta. E não digo isso por eles serem meus amigos, mas por serem de fato jovens senhoras e senhores da "melhor idade".

É claro que boa parte dessas pessoas, além de apresentar uma genética favorável a longevidade, soube se reinventar e se cuidar numa fase da vida em que alguns fatores tendem a desafiar mais as nossas limitações. Entre esses fatores estão os problemas de saúde físicos típicos da idade mais avançada e a morte de parentes e amigos muito próximos, além das preocupações financeiras que a maioria dos idosos vivencia nessa etapa da vida, quando os gastos – especialmente as despesas relacionadas a planos de saúde, condomínio, empregados e/ou cuidadores – tendem a aumentar muito enquanto suas receitas financeiras se reduzem em fase da aposentadoria e da diminuição das oportunidades de trabalho.

De acordo com a literatura médico-geriátrica, a prevalência dos transtornos depressivos na população idosa em geral é de aproximadamente 13,5%.[1] Segundo a Fundação Mayo de educação e pesquisa médica, cerca de 15% de norte-americanos acima de 65 anos sofrem de algum nível de transtorno depressivo. Isso corresponde a algo em torno de 6 milhões de pessoas.[2]

Apesar de não ser uma consequência natural do envelhecimento, as estatísticas deixam claro que a depressão é comum nessa fase da vida, e sua identificação e seu tratamento precoce são essenciais no restabelecimento da saúde geral dos idosos. Por se tratar de uma morbidade psíquica, sua presença acarreta grande sofrimento, declínio cognitivo e redução da qualidade de vida, além de estar associada a um índice maior de mortalidade.

1. Fatores relevantes e peculiares da depressão na terceira idade

O desenvolvimento dos transtornos depressivos em idosos engloba as mais diversas áreas da vida do indivíduo. Visando a uma explanação mais didática e organizada, dividirei esses fatores em dois grandes grupos: os clínicos ou físicos e os psicológicos e/ou sociais e financeiros.

1.1. Clínicos ou físicos

Muitas pessoas nessa faixa etária fazem uso de diversos medicamentos em função das doenças clínicas mais frequentes nessa etapa da vida. Os remédios mais comumente utilizados são os

---

1. A. T; Beekman, J. R. Copeland e M. J. Prince. "Review of community prevalence of depression in later life".
2. K. Kramlinger. *Depressão pesquisada e comentada pela Clínica Mayo*, p. 139.

que se destinam a reduzir os níveis da pressão sanguínea, do colesterol e da glicose. Os repositores hormonais também costumam compor as prescrições médicas para a terceira idade. A necessidade e as vantagens dessas medicações para a melhoria e a manutenção da saúde geral desses pacientes são quase sempre indiscutíveis, e por isso mesmo são habitualmente prescritas por médicos clínicos, cardiologistas, ginecologistas e/ou endocrinologistas. No entanto, como todos sabemos, remédios apresentam efeitos positivos, por um lado, e negativos, por outro. São os chamados *efeitos colaterais*, cuja presença, na maioria das vezes, está relacionada à sensibilidade de cada paciente, ou mesmo às doses utilizadas para a obtenção de sua eficácia terapêutica. Independentemente dos motivos, alguns medicamentos podem de fato desencadear o aparecimento da depressão. Outros podem deixar a pessoa mais suscetível a ela. Isso ocorre porque a maioria dessas drogas produz mudanças significativas nos níveis hormonais de todo o organismo e no metabolismo de medicações antidepressivas que muitos pacientes utilizam como prevenção de recidivas. Algumas medicações por si só provocam fadiga ou dores musculares, como as utilizadas para a redução dos níveis sanguíneos de colesterol. Tais efeitos colaterais podem fazer com que muitos pacientes parem suas atividades físicas, e, sem a prática de exercícios, muitos tendem a se alimentar de forma menos saudável, a ganhar peso e se isolar em casa. Assim, tornam-se menos saudáveis e mais vulneráveis à depressão.

A ingestão de bebidas alcoólicas deve ser evitada ou feita com muita parcimônia, pois o álcool por si só, quando ingerido diariamente, pode levar à depressão, por causa de sua ação redutora das atividades cerebrais. Existem medicamentos utilizados sem prescrição médica para enjoos e problemas digestivos que muitas pessoas costumam ingerir quando bebem para "prevenir" a ressaca do "dia seguinte", especialmente de festas ou come-morações especiais. Essa combinação aumenta ainda mais a possibilidade de depressão. Assim, uma noite alegre e descon-traída de festejos familiares ou em um joguinho de cartas com amigos pode significar dias de cama e tristeza, ou ainda desen-cadear uma longa e dolorosa depressão.

Duas doenças afetam o sistema nervoso central, provocam uma série de transtornos para seus portadores, e sua ocorrência aumenta de forma relevante com o avanço da idade. São elas o mal de Alzheimer e o mal de Parkinson. É interessante observar o medo e, por vezes, o pavor que essas doenças provocam em adultos ao se aproximarem da terceira idade – tanto que se po-pularizou denominá-las de "mal" pelo transtorno que ocasionam na vida de seus portadores. E, como se essas doenças por si só não fossem suficientes para virar a vida de qualquer pessoa de cabeça para baixo, ambas guardam íntima relação com os quadros depressivos. Essa relação ocorre numa estrada de mão dupla, ou seja: os sintomas iniciais de Alzheimer, Parkinson e depressão são bastante semelhantes, e isso pode dificultar a escolha da tera-pêutica mais adequada e precoce para cada doença; por outro lado, as três patologias podem se potencializar: o mal de Alzhei-mer e o mal de Parkinson costumam desencadear depressões secundárias em seus portadores, e a depressão por si só aumen-ta o risco de os idosos desenvolverem Alzheimer e Parkinson.

Pela complexidade e pela importância do diagnóstico, é fun-damental que médicos clínicos, neurologistas e psiquiatras se unam sem nenhuma vaidade ou melindres pessoais para condu-zir as melhores opções terapêuticas para esses pacientes. E estas devem ser revistas com regularidade para que eles possam se beneficiar de novas e seguras tecnologias assim que elas se mostrarem eficazes na melhora de seus quadros cognitivos, motores e relacionados aos estados de humor.

Em relação ao paciente com Alzheimer em estágio inicial, observo que a maior queixa, ou o maior incômodo, são as falhas de memória relacionadas ao dia a dia. A deficiência da memória recente gera grande dificuldade para o aprendizado de novos conteúdos e também para fixar as informações. Sem a apreensão e a fixação de fatos cotidianos, sua rotina fica totalmente desorganizada. Ele começa a esquecer o que comeu nas últimas refeições ou onde esteve nos dias anteriores, não se lembra de recados simples, inicia tarefas e se esquece de finalizá-las, e perde-se em novos trajetos e caminhos. Essa situação de disfuncionalidade cotidiana é vivida inicialmente com bastante ansiedade e angústia.

De forma diversa da pessoa que só apresenta depressão, o paciente no início de Alzheimer não apresenta melhoras significativas com o uso exclusivo de antidepressivos; essa melhora só ocorre com a utilização de medicamentos específicos para a melhoria das funções cognitivas.

Quando encontramos sintomas concomitantes de Alzheimer e de depressão, a associação de medicações para ambas as patologias deve ser feita, pois o alívio, mesmo que parcial, da depressão contribui para uma melhor evolução do Alzheimer, que tende a ser mais lenta e menos incapacitante.

O percentual de depressão no mal de Parkinson é bem mais comum do que no mal de Alzheimer. Em minhas atividades de consultório diário, observo que 40 a 50% dos portadores de Parkinson apresentam sintomas depressivos em algum momento da evolução dessa doença. Alguns pacientes desenvolvem quadros de depressão logo nos primeiros meses, e outros, anos após o início dos primeiros sintomas físicos. Muitos fatores determinam o momento em que isso ocorrerá, como a carga genética que o paciente possui para ambos os transtornos (Parkinson e depressão); o tipo de personalidade prévia; sedentarismo ou prática regular de exercícios; presença de afetos verdadeiros (cônjuges, filhos ou amigos); tipos de alimentação; e comprometimento com propósitos altruístas. A combinação de todos esses fatores pode representar uma melhor ou pior evolução de ambos os transtornos: primariamente, o mal de Parkinson e, de forma secundária, a doença depressiva. Coisas da complexidade humana.

A concomitância de Parkinson e depressão é tão frequente que, cada dia que passa, acredito que as alterações cerebrais ocasionadas pelo Parkinson acabam por alterar também os circuitos dopaminérgicos ligados à manutenção do humor, da disposição física e da vontade. Hoje em dia, essas alterações podem ser muito bem observadas pelo exame de Cintilografia de Perfusão Cerebral com Trodat, pois ele fornece uma visão mais detalhada dos núcleos da base e das demais áreas produtoras do neurotransmissor dopamina.

Alguns sintomas de Parkinson são bem parecidos com os da depressão, como redução do nível de energia física e do volume da fala, dificuldade em dormir e lentificação dos movimentos físicos. Um detalhe simples que pode facilitar a distinção entre os dois quadros é a fisionomia do paciente: pacientes com Parkinson e sem depressão, em geral, apresentam uma face mais neutra e sem uma expressão que "salte" aos nossos olhos; já os pacientes com depressão costumam estampar uma face entristecida e exibir a "ruga" da depressão entre os olhos e acima do nariz, com dois sulcos verticais bem marcados.

Outro aspecto a ser aferido é relacionado ao apetite. Os pacientes que apresentam apenas o mal de Parkinson geralmente não alteram seu padrão alimentar. Já os que sofrem de depressão secundária ou mesmo primária apresentam mudança bem marcada nesse quesito, com redução ou até aumento significativo do apetite.

Os avanços não medicamentosos para a melhora do quadro físico do mal de Parkinson se encontram em estágio bem mais avançado do que os para a doença de Alzheimer. Eles devem ser apresentados para os pacientes e familiares como possibilidades terapêuticas a serem utilizadas no momento mais adequado, incluindo as neurocirurgias funcionais realizadas por neurocirurgiões habilitados e experientes.

Quando o Parkinson e a depressão ocorrem simultaneamente – o que, como vimos, é bastante frequente –, ambos devem ser tratados, pois isso implica uma evolução mais favorável e uma maior disposição do paciente em buscar alternativas terapêuticas que mantenham ao máximo sua funcionalidade cotidiana.

Acidentes vasculares cerebrais, popularmente denominados "derrames", costumam ocorrer em pessoas com o avançar da idade. Eles ocorrem em consequência de um bloqueio (isquemia) ou de uma ruptura (hemorragia) da vascularização sanguínea dentro do cérebro, acarretando lesões nos neurônios que dependiam da alimentação sanguínea conduzida pelos vasos afetados. Essas lesões poderão ocasionar uma série de alterações no funcionamento geral da pessoa atingida. Tudo dependerá da extensão e das áreas cerebrais atingidas. Alguns pacientes podem apresentar sequelas na fala, no caminhar, na habilidade dos movimentos das mãos, na sensibilidade tátil, no equilíbrio etc. De forma semelhante ao mal de Parkinson, observo que aproximadamente 50% dos pacientes que sofrem um acidente vascular apresentarão um quadro de depressão que poderá aparecer nos primeiros meses do derrame ou até dois anos depois. Novamente, aqui observo que a depressão não pode ser atribuída somente às mudanças de vida produzidas pelas limitações físicas decorrentes da doença vascular, pois pacientes com sequelas leves e sem mudanças funcionais significativas, ou mesmo imperceptíveis, podem apresentar depressões mais severas e até mais incapacitantes do que pacientes com sequelas motoras importantes. Como sempre incluo nos pedidos médicos exames de imagem que avaliem tanto as estruturas físicas como as funções das diversas áreas cerebrais, e assim pude constatar que a maioria dos pacientes que manifestavam quadros depressivos relevantes após um derrame apresentava no resultado de seus exames de funcionamento cerebral (SPECT e PET SCAN cerebral) uma redução da atividade neuronal localizada nos lobos frontais, especialmente no lobo frontal esquerdo. Outra situação que enfatiza essa relação com o lobo frontal esquerdo é a excelente resposta terapêutica que tais pacientes apresentam com a Estimulação Magnética Transcraniana (EMTr) feita na região dorsolateral esquerda. Os pacientes submetidos a sessões de EMTr (em média, vinte a trinta sessões seguidas) mostram uma rápida e eficiente restauração de seu humor, da disposição física e da capacidade atentiva.

O tratamento em conjunto da doença vascular cerebral e da depressão produz uma recuperação da depressão mais eficaz e cria uma maior motivação para o enfrentamento e a superação de eventuais sequelas físicas.

1.2. Psicológicos e/ou sociais e financeiros

Vários fatores psicológicos e sociais vivenciados pelos idosos podem contribuir para desencadear e agravar os quadros depressivos ocorridos nessa época da vida. Entre eles, os que mais se destacam na minha prática médica são os seguintes:

- aposentadoria
- mudança do status social
- mudança no papel familiar
- redução da capacidade produtiva
- limitações físicas
- redução dos ganhos financeiros
- isolamento social
- perda do cônjuge por separação ou morte
- perda de amigos e parentes
- momentos de reflexão sobre as realizações não efetivadas durante a vida
- dificuldades para lidar com a finitude da vida

É relevante destacar que a presença isolada desses fatores de risco não constitui um elemento suficientemente capaz de provocar o surgimento dos quadros depressivos na terceira idade. No entanto, o somatório e a interação de alguns ou muitos desses fatores tornam o idoso mais suscetível ao desenvolvimento e/ou ao agravamento deles. Não podemos esquecer que uma genética familiar compatível com um envelhecimento saudável, sem histórico depressivo ou de doenças degenerativas e/ou vasculares, tem lá o seu valor – e que valor! Como diz minha grande amiga Estela, no auge da atividade física e cognitiva aos setenta e poucos anos: "DNA não é água: papai faleceu lúcido aos 94 anos, um mês depois de ter comemorado aniversário de 35 anos do segundo casamento, dançando tango em Buenos Aires. E sinto que comigo também será assim, Aninha. Você duvida?". Sempre que a ouço me perguntar "Você duvida, Aninha?", ouço a resposta surgir imediatamente em minha mente: "Eu? Quem sou eu para duvidar? Contra fatos não há argumentos!". E, ao vê-la sempre alegre, sorridente e disposta, não só não duvido como tenho certeza de que 94 anos para ela será pouco; para mim, ela chega aos cem e inteira!

2. Quadro clínico da depressão em idosos

Os critérios diagnósticos dos transtornos depressivos em idosos são os mesmos utilizados para a identificação da depressão em pacientes jovens. No entanto, observo, na prática clínica, que as queixas somáticas são os principais motivos que os fazem buscar ajuda. Entre essas queixas, destaco: cansaço excessivo, redução do apetite, perda de peso, tonturas, insônia, dores inespecíficas e desconforto ou distensão abdominal.

Na maioria das vezes, as múltiplas queixas somáticas não apresentam condições clínicas e/ou laboratoriais que possam justificá-las.

Outra característica que destaco é a presença de sintomas psicóticos, incluindo delírios e/ou alucinações.[3] Idosos apresentam ideações delirantes de forma mais frequente, e elas costumam estar associadas a perseguições (delírios persecutórios) e a doenças graves e incuráveis que levam à morte em pouco tempo.

Entre as depressões psicóticas que ocorrem em idosos, uma se apresenta de forma bastante peculiar: o paciente delirantemente nega a existência de seus órgãos internos ou de todo o seu corpo, afirmando que suas vísceras apodreceram e foram eliminadas do seu corpo. Esse quadro depressivo recebeu a de-

---

3. Delírios: correspondem a uma distorção da realidade na qual o paciente acredita em algo que não é real. Exemplo: paciente se acha vítima de uma conspiração inexistente. Alucinações: percepção sensorial de algo que não existe. Exemplo: paciente pode ouvir vozes ou ver coisas que não são reais.

nominação de síndrome de Cotard, em homenagem ao neurologista francês Jules Cotard — o primeiro a descrevê-lo, em 1880. A síndrome é rara; basta vê-la uma única vez para nunca mais esquecer sua sintomatologia. Ela recebe ainda as seguintes denominações: delírio de Cotard, síndrome do cadáver ambulante, delírio niilista ou delírio de negação.

Veja o caso clínico de dona Deolinda:

Se a memória não me falha, o ano era 1990, e eu fazia meu primeiro ano de residência médica em psiquiatria na UFRJ (Universidade Federal do Rio de Janeiro). Meu ex-professor da UERJ, dr. Osvaldo Saide, participaria de um congresso internacional e precisava se afastar de suas atividades por quinze dias. A meu ver, isso não parecia ser motivo para ele me telefonar pedindo um pequeno favor. Quando retornei sua ligação (nessa época, a gente de fato se falava pelo telefone – o fixo, é claro), ele me explicou que havia uma paciente específica que não poderia ficar sem ser assistida diariamente, pois apresentava um quadro grave denominado Síndrome de Cotard. Lembrei de quando ele próprio, no quarto ano da faculdade, havia falado sobre esse tipo raro de depressão, cuja sintomatologia incluía um tipo de psicose na qual o paciente se sentia "apodrecendo" por dentro. Após o flashback, respondi que poderia vê-la todos os dias sem problema algum. Mas não contive a minha sinceridade habitual e disse: "Mestre, vê-la em seu lugar será um prazer para mim. No entanto, acho que, para a paciente, será uma grande perda, pois não me acho capacitada para assumir um caso tão grave assim". Ele riu, do outro lado da linha, e disparou: "Minha querida ex-aluna, dra. Ana Beatriz: coragem e responsabilidade não lhe faltam. E posso lhe garantir que, com toda a minha experiência médica relacionada a esse tipo de depressão, passarei por escrito a você duas possibilidades terapêuticas didaticamente explicadas". Depois de risos de ambos os lados, desligamos o telefone e, como combinado, passei no consultório do dr. Osvaldo e peguei suas orientações: o nome e o histórico da paciente. Seu nome era Deolinda, tinha 62 anos e era professora aposentada. Ela nunca havia se casado e morava próximo a seus familiares, em uma casa própria, em um grande terreno no Cachambi (zona norte do Rio de Janeiro), onde cada irmão tinha a sua própria casa. Osvaldo viajou numa segunda-feira à noite, e, no dia seguinte, terça-feira, às 10h, lá estava eu, tocando a campainha do que me parecia ser a vila residencial da grande família Araújo. A primeira pessoa a aparecer foi Rita Maria, uma sobrinha de dona Deolinda, e ela me recebeu de forma muito calorosa, já me oferecendo café e bolo. Sorri e disse que teria enorme prazer em aceitar seu convite, mas primeiro atenderia sua tia. Rita me levou para a casa de sua tia, e deparei com aquela senhora literalmente cadavérica, deitada em sua cama como se em um caixão estivesse, inclusive com as mãos cruzadas sobre a barriga. Sua voz era fraca, e, de forma aflitiva, balbuciava repetidamente a frase: "Tudo começou pelo apodrecimento da minha úvula (popularmente conhecida como a 'campainha' da garganta): sinto que todo o tubo digestivo terá o mesmo destino". Dona Deolinda não tinha nenhuma dúvida sobre seu estado: sua úvula apodrecera, e o resto de seu corpo teria o mesmo destino em breve. Seus sintomas inquestionáveis me fizeram ter a certeza de que eu estava diante do meu primeiro caso de depressão psicótica – mais especificamente, a doença de Cotard. Era idêntico aos quadros descritos nos tratados de psiquiatria e comentados em aulas como as de Osvaldo. Eu me emocionei com a situação, mas ao mesmo tempo senti muito medo em falhar e não poder ajudar aquela frágil senhora a sair do pesadelo no qual se encontrava. Respirei fundo e pensei: "Vamos, Ana Beatriz, faça tudo o que seu mestre aconselhou". Sentei-me na cabeceira da cama, peguei a mão esquerda de dona Deolinda com suavidade e, lentamente, selecionei a melhor veia para iniciar sua medicação e hidratação, já que ela se recusava a ingerir qualquer alimento sólido ou líquido. Sua recusa era absolutamente coerente, afinal, ela não podia "alimentar" seus órgãos internos, pois isso faria com que seu "apodrecimento" se acelerasse. Durante quinze dias, três horas por dia, lá ia eu para o Cachambi. Soros glicosados, escalpes, agulhas, ampolas de antidepressivos venosos e muita fé de que, em algum momento, dona Deolinda se reconectaria ao mundo dos órgãos saudáveis e úvulas vermelhinhas e vibrantes. E, para minha surpresa e de todos os familiares, que nitidamente não acreditavam mais que ela sairia daquele estado, na manhã do décimo dia, ao chegar à casa de dona Deolinda, deparei com ela sentada na varanda, de banho tomado, roupinha nova, canequinha de café na mão e um largo sorriso no rosto. Naquele dia ela aceitou reiniciar sua alimentação com líquidos, alimentos pastosos e mingau – muito mingau de aveia, que acabei descobrindo ser o seu predileto. Mantive a aplicação dos antidepressivos por via venosa, como dr. Osvaldo havia prescrito, mas, a partir de então, enquanto aplicava lentamente as ampolas dos medicamentos, eu usufruía de uma bela prosa com aquela pequena senhora repleta de histórias tão interessantes. No 15º dia, era hora de me despedir. No dia seguinte, dr. Osvaldo a veria e redefiniria os rumos de seu tratamento. Antes de ir embora, falei para Deolinda e Rita Maria quanto todos aqueles dias tinham sido importantes para mim e agradeci ao Poder Superior por ter me dado a oportunidade de aprender e conviver com pessoas tão amorosas. Quando me levantei, beijei as mãos de dona Deolinda, e ela disse: "Dra. Ana, obrigada por não ter desistido de mim quando eu já o tinha feito. E hoje vou com Rita até o portão, pois já posso caminhar devagarinho". Ao chegar ao portão, ela enfiou a mão no bolso direito de seu quimono estampado com flores de lavanda e me entregou um "quadrado" envolto em papel laminado, quentinho e com um cheiro de milho e erva-doce que logo perfumou minhas mãos. Ela sorriu e disse: "Bolo de milho, o seu predileto! Agora é só chegar em sua casa e comê-lo com um cafezinho bem fresco". Entrei em meu carro e deixei os vidros fechados por alguns minutos: o cheiro do bolo fresco tomou conta do ambiente, e, ao sair, fiz questão de ir bem devagar, pois queria ver em câmera lenta a carinha de alegria daquela senhora que, ainda frágil, acenava um tchau de até mais ver. Nós sabíamos que nos veríamos muitas outras vezes – não mais para injeções, e sim para muitos bolinhos e cafés. Eu ainda precisava conhecer a verdadeira Deolinda, que agora começava a ser revelada após a retirada do manto sombrio com o qual a depressão havia lhe coberto nos últimos oito meses. Naquele dia, eu descobri que ver alguém renascer para a vida e fazer parte desse processo é algo tão incrível que até hoje não consigo descrever em palavras a emoção do momento: só sei dizer que fui imensamente feliz.

3. Solicitação de exames

Quando deparamos com um paciente idoso apresentando um quadro depressivo, deve ser feita uma avaliação extensa e criteriosa que inclua tanto a parte psiquiátrica como a parte clínica do paciente, para que as doenças físicas sejam identificadas e tratadas. Somente dessa forma poderemos descartar as comorbidades clínicas que possam estar mascarando ou mesmo dificultando uma recuperação mais efetiva dos sintomas depressivos apresentados. Entre os exames que devem ser solicitados nesses casos, considero os listados a seguir fundamentais para um diagnóstico mais abrangente e um posterior projeto terapêutico capaz de melhorar a qualidade de vida e a funcionalidade do paciente como um todo.

- exames de sangue gerais (hemograma, toda a parte hormonal, função urinária, hepática, taxas lipídicas, vitaminas D, B12, homocisteína sérica, taxas glicêmicas etc.), para avaliação do estado geral
- ressonância magnética de crânio, para melhor avaliação das lesões neuronais mais profundas, como as que se localizam na substância branca
- SPECT ou PET SCAN cerebral, para uma avaliação mais funcional das áreas cerebrais
- testes psicológicos, para avaliação das funções cognitivas;
- avaliação completa feita por um cardiologista
- polissonografia noturna (É um exame que visa estudar o sono de forma qualitativa e quantitativa. A presença de episódios de baixa oxigenação cerebral — apneia e/ou hipopneia noturnas — aumenta a probabilidade de o paciente desenvolver um quadro depressivo, ou pode agravá-lo. Dessa forma, acidentes vasculares, ou AVC, do tipo isquêmico podem piorar o prognóstico da depressão, pois impedem uma resposta terapêutica mais efetiva.)

4. Tratamento

O tratamento da depressão em idosos é basicamente o mesmo utilizado para os adultos em geral; no entanto, não podemos nos esquecer de que, com o envelhecimento, reduzimos as taxas do nosso metabolismo e as medicações tendem a produzir mais efeitos colaterais. Assim, qualquer medicação deve ser iniciada em doses reduzidas, e deve-se optar preferencialmente por remédios com toxicidade cardíaca menor e com riscos mais baixos de interações medicamentosas.

Além disso, sempre que possível, devemos preferir a psicoterapia e a EMTr como terapia não medicamentosa em casos leves. E, nos casos moderados e graves, devemos utilizar medicações antidepressivas com cuidadoso monitoramento clínico e associar a EMTr para obter uma melhora mais rápida e efetiva.

As atividades culturais (cinema, teatro, shows), sociais e físicas são sempre recomendadas e devem estar presentes na rotina dos idosos como hábitos capazes de potencializar os tratamentos instituídos e/ou o envelhecimento salutar e produtivo.

Uma abordagem mais detalhada das opções terapêuticas nos casos de depressão em todas as faixas etárias será vista nos capítulos 8, "A depressão e suas associações", e 9, "Estratégias complementares e fundamentais na recuperação da depressão".

A depressão costuma acometer mais mulheres do que homens. E várias características na apresentação clínica da versão feminina desse transtorno evidenciam quanto o metabolismo das mulheres é diverso do dos homens.

7
DEPRESSÃO FEMININA:
O LADO *BLUE* DO SEXO *PINK*

Qualquer estudo ou pesquisa realizado sobre uma determinada patologia tende a revelar características básicas sobre ela: sua incidência e sua prevalência, o gênero sexual mais acometido e a faixa etária predominante.

Com a depressão clínica, isso não seria diferente. Dentro dessa visão, uma informação que nos salta aos olhos é o fato de os transtornos depressivos serem duas vezes mais comuns entre as mulheres do que entre os homens.[1] Aproximadamente 12,7% dos homens e 21,3% das mulheres apresentam quadros depressivos importantes ao longo da vida.[2] De forma diversa, observamos que, quando avaliamos o transtorno bipolar, os números relativos à incidência apresentam uma igualdade entre os gêneros, ou seja, é praticamente a mesma entre mulheres e homens. No entanto, se, dentro do transtorno bipolar, formos avaliar apenas os episódios depressivos, novamente as mulheres mostram maior acometimento e menor incidência de episódios eufóricos ou maníacos.[3]

Diversos outros transtornos mentais apresentam maior incidência entre as mulheres, e entre eles posso citar os transtornos

---

1. S. I. Lusskin, T. M. Pundiak e S. M. Habib. "Perinatal depression: hiding in plain sight".
2. R. Kessler et al. "The epidemiology of major depressive disorder: results from the national comorbidity survey replication".
3. K. Kramlinger. *Depressão pesquisada e comentada pela Clínica Mayo*, p. 129.

de ansiedade (como pânico, ansiedade generalizada e estresse pós-traumático), os transtornos alimentares (anorexia e bulimia nervosas), o transtorno de personalidade *borderline* e a compulsão por compras. Definitivamente, as mulheres apresentam peculiaridades em seu funcionamento cerebral e orgânico. Mas, se isso as torna o sexo frágil, tenho lá minhas dúvidas. No entanto, possuo uma certeza advinda desses quase trinta anos de prática clínica que compartilharei com vocês: quando resolvem se reinventar pelo aprendizado advindo do enfrentamento de seus medos e sofrimentos, elas se tornam personagens ativas e fazem de suas histórias inspiração e estímulo para que outras pessoas possam se transcender também. Nunca duvide da força de uma mulher, um ser humano capaz de gerar e abrigar em seu ventre outro ser. Ela possui uma reserva de força e, ao encontrar a motivação e os propósitos certos, torna-se capaz de quase tudo. Só lamento o fato de que muitas delas ainda apresentam grande dificuldade de enxergar esse potencial e colocá-lo em prática.

A depressão costuma acometer mais mulheres do que homens, como já citei. E várias características na apresentação clínica da versão feminina desse transtorno evidenciam quanto o metabolismo das mulheres é diverso do dos homens. Elas se deprimem mais cedo (em média, entre 25 e 45 anos) e tendem a apresentar apetite alimentar aumentado e especialmente voltado para doces e carboidratos, o que pode lhes proporcionar um ganho de peso significativo e motivar uma importante baixa em sua já combalida autoestima. As depressões atípicas, mascaradas e sazonais também são mais comuns em mulheres. Quando observo as comorbidades, ou seja, os transtornos que se associam aos quadros depressivos de forma concomitante ou mesmo de maneira secundária, vejo que as mulheres se mostram mais sujeitas ao desenvolvimento dos transtornos de ansiedade e alimentares. Já os homens, na maioria das vezes, encaminham-se para a direção do uso abusivo de álcool e outras drogas e compulsões, entre as quais destaco as por jogos, sexo e compras.

Universo feminino

Não tenho dúvidas de que vários fatores contribuem para que a depressão seja uma doença que acomete, de maneira significativa, muito mais mulheres do que homens. Como detalhei no capítulo 4, "A depressão e suas causas", fatores biológicos, psicológicos e socioculturais se mesclam de forma individualizada para desencadear e desenvolver o transtorno depressivo. Quanto aos fatores biológicos, dois aspectos devem ser enfatizados: a herança genética, que transmite a vulnerabilidade para o aparecimento da doença, e a complexa produção e modulação hormonal feminina. Durante toda a vida, as mulheres sofrem intensas variações hormonais, e é inegável a relação dos hormônios com a saúde orgânica e mental do universo feminino. Essas variações são cíclicas e bem mais frequentes e intensas do que as ocorridas com os homens. Como bem retratou Rita Lee em uma de suas canções: "Mulher é bicho esquisito, todo mês sangra". E uma parcela significativa das mulheres que buscam tratamento para transtornos ansiosos e/ou depressivos em meu consultório relata algum grau de ansiedade, tristeza e irritabilidade, além de retenção hídrica (inchaço) e dor de cabeça (cefaleia) nos dias que antecedem seu período menstrual (em média, cinco a sete dias). Esse conjunto de sintomas é conhecido popularmente como TPM (tensão pré-menstrual).

Vale ressaltar que determinadas mulheres apresentam esses sintomas psíquicos e físicos com tamanha intensidade que tal estado passa a ser denominado de Transtorno disfórico pré-menstrual (TDPM), sobre o qual falaremos de modo mais detalhado no decorrer deste capítulo.

No que se relaciona aos fatores socioculturais, observo uma grande diferença no universo feminino quando estabeleço um paralelo com o universo masculino. Os tempos modernos trouxeram grandes conquistas para as mulheres, especialmente no campo profissional. No entanto, essas mesmas conquistas, além de terem sido muito batalhadas e desgastantes, trouxeram ao cotidiano feminino o que hoje denominamos de jornada dupla de trabalho, pois elas têm que dar conta das responsabilidades profissionais do trabalho em concomitância com as responsabilidades familiares. Eu diria que uma parcela significativa das mulheres apresenta, na minha ótica, no mínimo, uma jornada tripla de trabalho: os afazeres profissionais, os familiares (mãe, esposa, filha etc.) e também a jornada da beleza, pois ainda se cobra das mulheres o culto à beleza como atributo pessoal com grande poder de ascensão profissional e manutenção matrimonial.

É claro que existem muitos casais que pautam sua relação em valores bem mais importantes, como amizade, companheirismo, cumplicidade e divisão harmônica de tarefas familiares, mas, infelizmente, as cobranças e expectativas sociais e culturais ainda guardam aspectos bastante injustos e estressantes para o sexo feminino.

Muitas lutas ainda serão necessárias para que o fardo sociocultural das mulheres seja reduzido e a igualdade de direitos seja uma realidade mais presente em nosso dia a dia. Entre esses desafios, considero o fim do assédio moral, do abuso sexual e a equiparação de ganhos salariais os mais urgentes e necessários a serem vencidos.

Os fatores psicológicos da depressão entre as mulheres guardam estreita relação com sua situação sociocultural. A estrutura psicológica de cada um determina a forma como adversidades e frustrações são enfrentadas e transcendidas. Dentro dessa visão, observo que as mulheres apresentam um grande "passivo histórico" relacionado ao hábito e até mesmo à prática de como lidar com suas emoções e seus elevados níveis de estresse. Foram muitos anos de atribulações relacionadas somente ao universo do lar. Nas décadas de 1950 e 1960, um poderoso marketing foi montado para que as mulheres se sentissem plenas e felizes como as "rainhas do lar". Mas, como todos sabemos, marketing é uma coisa e realidade é outra. Se considerarmos os fatos reais, faz muito pouco tempo que as mulheres começaram a votar, trabalhar, emitir suas opiniões e emoções e enfrentar os desafios extrafamiliares. E elas passaram a vivenciar maiores níveis de estresse emocional e físico diante dessa nova realidade. No entanto, acredito que o tempo e a prática possuem um poder incalculável de despertar forças adormecidas, e vislumbro uma realidade em médio e longo prazos em que as mulheres mostrarão toda a sua força para transformar sofrimento em superação. Como já bem disse o poeta mineiro Carlos Drummond de Andrade, "Amar se aprende amando", e, parafraseando-o, acredito que "viver se aprende vivendo".

Os quadros depressivos que considero de maior relevância entre as mulheres são o transtorno disfórico pré-menstrual (TDPM), a depressão na gravidez, a depressão pós-parto e a depressão na menopausa.

1. Transtorno disfórico pré-menstrual (TDPM)

Trata-se de uma doença depressiva cíclica que afeta de 3 a 5% das mulheres em idade reprodutiva.[4] Uma parcela reduzida das mulheres, mas não menos importante, apresenta sintomas pré-menstruais tão agudos e intensos que suas rotinas profissionais, sociais e pessoais podem sofrer sérios abalos. Nesses casos, observo, de forma bem marcada, os seguintes sintomas nos dias que antecedem a menstruação:

- humor depressivo
- ansiedade
- angústia
- sentimento de desesperança
- choro fácil (labilidade emocional)
- hipersensibilidade à rejeição
- ataques de raiva e irritabilidade
- sensação de esgotamento físico
- redução ou paralisação da capacidade produtiva
- dificuldade de atenção e concentração
- dores musculares generalizadas
- crises de enxaqueca
- conflitos interpessoais por motivos banais
- aumento brusco de apetite, especialmente por doces e chocolates
- alterações do sono (insônia inicial ou diversos despertares durante a noite)
- dificuldade de manter as atividades físicas habituais

---

4. Ibid., p. 131.

- sensação de estar no "limite da sanidade" (incluindo despersonalização)

Acho importante destacar que, em minha prática médica, observo que as mulheres acometidas por TDPM devem ter seus quadros clínicos cuidadosamente diferenciados daquilo que as pessoas costumam denominar de TPM. Esta última refere-se a um quadro de alteração hormonal fisiológica normal dentro do universo feminino. Já no TDPM, o humor depressivo irritadiço aliado às alterações físicas causa às suas portadoras intenso sofrimento e disfuncionalidade vital.

Para essas pacientes, costumo utilizar antidepressivos inibidores da recaptação da serotonina (IRSS) em doses baixas, de forma contínua, ou em doses mais elevadas nos quinze dias que precedem a menstruação. Essa terapêutica costuma ser eficaz em 80% dos casos de TDPM que atendo em meu consultório, especialmente quando aliada à prática de atividades físicas regulares (três a quatro vezes por semana), técnicas de relaxamento e psicoterapias da linha cognitivo-comportamental (TCC). No entanto, existem casos muito graves – os 20% restantes – em que outras medidas terapêuticas precisam ser efetuadas. Destaco aqui a terapia hormonal de suspensão da menstruação, que pode e deve ser indicada em face do sofrimento e do transtorno que essas mulheres vivenciam mensalmente. Nesses casos, uma avaliação médica deve ser desprovida de preconceitos culturais e imbuída de grandes doses de empatia para que um tratamento eficaz possa de fato devolver a vida funcional que essas mulheres perdem todo mês por um tempo consideravelmente longo de sua existência. A terapia hormonal de suspensão da menstruação deve ser feita por um ginecologista bastante familiarizado com essa técnica e que realize de forma regular e preventiva as dosagens hormonais, bem como a medição das taxas sanguíneas de marcadores tumorais. Essas medidas são absolutamente necessárias à prática segura e responsável de tal terapêutica.

Uma paciente minha chamada Patrícia, após a recuperação de um quadro depressivo grave, fez questão que eu anotasse em seu prontuário suas observações sobre a diferença entre a depressão clássica, o TDPM e a simples TPM. Reproduzo aqui as suas palavras:

Durante a depressão, a gente fica tão mal que nem sente a diferença no humor provocada pelo TDPM, pois a depressão é algo tão sombrio e escuro que o cinza nem sequer é percebido. O TDPM é cinza; a depressão é "breu total": não há luz para distinguir a sutileza das cores. Já a TPM, minha amiga Bia, essa não tem nada de depressão: ela é, no máximo, uma tristeza bem passageira que deve acontecer com a maioria das minhas amigas. Para mim é TDPM mesmo: "T" de totalmente, "D" de disfórica, "P" de perturbada e "M" de maluca. É sério: hoje, depois de tanto sofrimento, consigo enxergar todas essas variações de forma bastante clara. E, por falar nisso, agora que não tenho mais depressão, temos que dar um jeito nesse TDPM que ainda me assola pelo menos durante dez dias todo mês. Se você não der um jeito nisso, vou acabar me separando do Cláudio; não por mim, mas por piedade por esse homem que amo tanto.

É claro que ver Patrícia ali na minha frente, rindo e me fazendo rir, proporcionou-me uma sensação especial de alegria, pois, dois meses antes, a mulher que entrara pela porta da minha sala era uma pessoa bastante distante da mulher ativa e bem-humorada que seu marido e sua mãe insistiam em descrever que existia antes de a depressão acometê-la. Assim, sempre lembro esse momento com um sorriso no rosto e uma sensação de riqueza profissional que nenhum dinheiro do mundo é capaz de me proporcionar.

2. Depressão na gravidez

A maioria das mulheres que conheço apresenta uma boa reação física e psíquica à gravidez, especialmente quando se trata de uma gestação desejada e planejada. Elas estão, antes de tudo, realizando um sonho – muitas vezes, alimentado desde a infância, quando, em suas brincadeiras de faz de conta, assumiam o papel de mães zelosas ao alimentar, dar banho, trocar fraldas e colocar suas bonecas para dormir.

Não é raro encontrar grávidas que se sentem especialmente saudáveis e dispostas durante a gestação. Talvez essa reação ocorra pelos níveis bem mais elevados de hormônios que as mulheres experimentam nessa fase da vida – especialmente o conhecido como progesterona. Como o próprio nome indica, essa é uma substância que favorece a gestação (pró-gesta).

Mas, segundo a Associação de Psiquiatria Americana (APA), cerca de 20% das gestantes apresentam quadro clínico de depressão clássica durante a gravidez. As mulheres que apresentam maior probabilidade de depressão gestacional são aquelas que já possuem uma história pregressa de transtornos depressivos. Além disso, também são muito propensas as que apresentam TDPM, as adolescentes com gravidez indesejada ou não planejada, mulheres sozinhas sem apoio familiar ou social, e mulheres que vivenciam um relacionamento disfuncional com o parceiro, marcado por brigas e conflitos verbais e/ou físicos. As mulheres que apresentam grande ambivalência perante a maternidade –

seja por medo de enfrentar o desconhecido, por exemplos desfavoráveis no contato familiar, por dúvidas sobre seus sentimentos reais pelo possível pai de seu filho ou pela possibilidade de seus sonhos pessoais e/ou profissionais serem freados ou impossibilitados pela maternidade – também têm maior tendência à depressão gestacional. Sejam quais forem os motivos de uma mulher apresentar depressão na gravidez, o grande desafio para os médicos que a assistem é a realização do diagnóstico formal da clínica depressiva, bem como o seu grau de gravidade. Depressões leves tendem a apresentar boa resposta à abordagem psicoterápica e à adoção de hábitos salutares relacionados à alimentação e às atividades físicas moderadas, especialmente as efetuadas em ambientes hídricos.

Nos casos de depressão moderada, tanto o ginecologista obstetra como o pediatra devem atuar juntos para decidirem qual medicação deverá ser utilizada, bem como a dose e o tempo que esse tipo de terapêutica deverá ser utilizado. A grande questão a considerar nos casos de grávidas com quadro de depressão é o risco que isso representa para ela própria e para o bebê, pois grávidas deprimidas costumam se alimentar mal, dormir pouco ou em demasia e se mostrar pouco atentas aos cuidados com o bebê. Além disso, seus filhos costumam nascer prematuramente e com peso abaixo do recomendado ou do desejável.

Ante todas essas possibilidades desfavoráveis, considero de suma importância o tratamento das gestantes. Em todos os casos em que precisei utilizar medicamentos para tratar gestantes com depressão, optei pela fluoxetina ou pela sertralina. A primeira, por ter sido estudada em um grupo de 2 mil grávidas no início da década de 1990 com resultados seguros e eficazes; a segunda, utilizei sempre que a paciente apresentava qualquer tipo de reação alérgica à fluoxetina, o que era mais frequente em mulheres asmáticas e atópicas. A sertralina sempre foi a minha segunda opção, tendo como base a sua segurança na utilização por pacientes cardíacos em quadros pós-cirurgia de revascularização. Tanto a fluoxetina quanto a sertralina sempre se mostraram bastante eficazes e seguras para a gestante e para o bebê.

Às vezes, as futuras mamães ou seus familiares se mostram extremamente resistentes ao uso de qualquer medicação, especialmente se esse uso impedir a amamentação materna. Quando isso ocorre, costumo explicar, de forma clara e didática, que tudo é uma questão de avaliarmos os prós e os contras da intervenção medicamentosa. A conclusão a que cheguei em todos esses anos de prática clínica é que, para a mãe e para o bebê, o mais importante não é exatamente o leite materno, e sim o contato físico e os cuidados amorosos que a mãe estabelece com o filho. O contato físico precoce e realizado com carinho aciona no cérebro da mãe a liberação de uma substância denominada oxitocina. Esse hormônio, muito mais que aumentar a produção do leite materno, propicia as primeiras e mais fortes conexões afetivas entre mãe e bebê. No meio médico, chamamos a oxitocina de hormônio do amor, tamanha a sua importância nesse processo. É claro que o leite materno é bom, rico em anticorpos e nutrientes, mas ele pode ser facilmente substituído por similares sintéticos com boa qualidade nutricional. Já a conexão afetiva não pode ser feita de outro modo: não existem pílulas que substituam o carinho e o vínculo amoroso que o contato físico prazeroso entre mãe e filho pode gerar. Em termos de vínculos afetivos fortes e precoces, mais vale um aconchego tranquilo e cuidadoso do que um leite original materno desprovido de vínculo.

3. Depressão pós-parto

A expressão em inglês *baby blues* é usada especificamente para descrever alguns sintomas (tristeza, ansiedade e irritabilidade) que cerca de 50% das mulheres apresentam num período compreendido entre uma e duas semanas após o nascimento do seu bebê. Essa situação é especialmente mais frequente em mães que são marinheiras de primeira viagem. Esses sintomas fazem parte da situação de estresse que é dar à luz uma criança e também da insegurança de ter sob seus cuidados "eternos" uma nova vida.

Ser mãe é, sem dúvida alguma, um acontecimento marcante, revolucionário e feliz para a maioria das mulheres, mas, ao mesmo tempo, um pouco assustador. Um filho sempre será uma "obra em aberto": tantos fatores interagem para a formação de sua estrutura física, emocional e espiritual que muitas mães se questionam, de forma silenciosa e ansiosa: "Como ele será?", "Terá bom coração?", "Como enfrentará os desafios da vida?", "Como poderei evitar seus sofrimentos?", "Como serei capaz de ensinar o que eu mesma não aprendi?". E esses são apenas alguns dos milhares de perguntas que as mães se fazem nos primeiros dias dessa nova realidade que guarda em si um aspecto de imutabilidade.

Não existe ex-filho nem sequer ex-mãe; seja como for, essa ligação será eterna. E o que mais amedronta as mulheres são os fatores imprevisíveis, ou melhor, aqueles que elas não podem controlar e aos quais seus rebentos estarão sujeitos por toda a vida. Toda mãe adoraria ter superpoderes para garantir uma blindagem absoluta da estrutura física e emocional de seus filhotes. Nesse contexto tão humanamente materno, é fácil compreender os pensamentos negativos e o choro fácil que as mães apresentam nos primeiros dias pós-parto. No entanto, essa nuvem *baby blues* costuma se dissipar em no máximo quinze a vinte dias, pois "a santa" oxitocina, com seus superpoderes de conectar amorosamente mãe e bebê pelo contato físico, faz com que mães se viciem rapidamente em suas pequenas "máquinas" de mamar, fazer xixi e cocô, chorar e dormir. E, pode acreditar, elas passam a amar compulsivamente esses seres que dão tanto trabalho como jamais ousaram sentir! Exagero? Não, apenas o milagre natural da maternidade. Quem inventou toda essa engrenagem tem pós-graduação em amor e merece toda a nossa admiração, nosso respeito e devoção.

Infelizmente, porém, para uma parcela considerável das mães de primeiro filho (algo em torno de 20 a 25%), uma situação preocupante pode ocorrer: a depressão pós-parto. Ela apresenta os mesmos sintomas relatados no quadro clínico da depressão clássica que costuma aparecer algumas semanas após o parto. Nessa situação, a mãe se mostra totalmente desinteressada por si mesma e pelo bebê e pode chegar a pensar em se matar e/ou tirar a vida de seu bebê. Quando esse transtorno surge, mãe e filho devem ser separados, e ambos devem receber cuidados intensos e imediatos. Quando uma mulher pensa nisso, ela está totalmente tomada por sentimentos de incapacidade, menos-valia, impotência e desespero. Ao que tudo indica, esse tipo de depressão é originado por uma disfunção hormonal intensa que afeta todo o funcionamento cerebral – especialmente as áreas responsáveis pela regulação do humor. Mulheres com histórico de depressão prévia, depressão durante a gravidez e/ou que estejam enfrentando problemas conjugais ou falta de apoio familiar ou social apresentam maior risco para o desenvolvimento desse tipo de transtorno depressivo.

O tratamento para a depressão pós-parto costuma ser o mesmo realizado para a depressão durante a gravidez, e seus resultados são bastante favoráveis. Eu gostaria de frisar que mulheres que sofrem de depressão pós-parto devem fazer uma boa psicoterapia, pois precisam entender que são capazes de amar e cuidar de seus filhos, que os sentimentos negativos vivenciados durante o período de depressão foram fruto de um momento extremamente disfuncional de sua vida e que elas poderão ter uma longa caminhada, amorosa e funcional com seus filhos, em um aprendizado frutífero e transformador para ambos. A depressão pode até turvar momentaneamente a capacidade de amar de uma mãe, mas ela sempre estará à espera para ser despertada, desenvolvida e aperfeiçoada por toda a vida, seja lá quanto tempo possa durar.

4. Depressão na menopausa

Para meus pacientes, o que vou contar não é nenhuma novidade, pois sempre pautei minha relação médico-paciente na sinceridade e na confiança mútua. Entre os 32 e os 34 anos, eu me submeti a tratamentos de fertilização, já que, até então, não conseguira engravidar pelos métodos naturais. Utilizei doses excessivas de hormônios nesse período – tudo dentro de uma supervisão médica especializada e muito competente, tanto no aspecto médico quanto no aspecto humano da questão. Após duas tentativas seguidas com determinado afinco, ganhei doze quilos, muitas espinhas e um pouco de frustração, pois a gravidez tão desejada não aconteceu. Pensei em fazer a terceira tentativa, mas, como médica, eu sabia que aquelas doses extras de hormônios podiam ter consequências químicas futuras, entre as quais o câncer de mama e o desenvolvimento de miomas uterinos. Por bom senso e por acreditar firmemente nas decisões do Poder Superior (essa é minha maneira de exercer a minha fé), resolvi seguir a vida e exercer a maternidade de outras formas. Aos 36 anos, nascia meu primeiro filhote, *Mentes inquietas*, e, de lá para cá, muitos outros vieram – e espero sinceramente que ainda venham mais pela frente. Por volta dos 38 anos, eu já tinha um mioma (tumores benignos no útero) que vinha aumentando gradativamente e, nos meus quarenta anos, atingiu determinados tamanho e posição que produziram uma paralisia mecânica em meu intestino. Tive que ser operada com certa urgência, e foi realizada uma histerectomia total (retirada total do útero). Meus ovários foram mantidos, e, por isso mesmo, os médicos afirmavam que minha produção hormonal não sofreria nenhum abalo. Aos 41 anos, comecei a apresentar sintomas clássicos da menopausa: ondas de calor, pele ressecada, unhas desfolhadas, queda de cabelo, insônia terminal, oscilações de humor e uma falta de alegria totalmente estranha à minha pessoa. Resolvi solicitar minhas taxas hormonais, e, para minha surpresa, lá estava estampada, na forma de FSH e LH[5] elevadíssimos, a minha menopausa. Identificada a desencadeadora de minha falta de alegria e de meus choros patéticos diante de anúncios comuns envolvendo crianças, pais, avós e emoções universais, fui tomada por duas sensações contraditórias. A primeira foi dramática com meu estado de humor: eu havia ficado "velha" aos 41 anos; agora era só esperar para descer "ladeira abaixo". A segunda me fez ver que uma parte de mim, a racional, ainda habitava meu ser com o

---

5. O FSH (hormônio folículo estimulante) e o LH (hormônio luteinizante) são responsáveis pelo estímulo à produção dos hormônios sexuais.

velho toque de humor e otimismo típico do meu DNA familiar. Afinal, entre as duas possibilidades de complicações clínicas que poderiam ocorrer comigo como consequência da terapia hormonal realizada para a fertilização, câncer de mama ou mioma uterino, fui agraciada pela segunda, e, em função da histerectomia total, eu já havia me curado. No entanto, a falta de alegria e tesão pela vida, aliada a "calorões", unhas desfolhadas, cabelos quebradiços, pele ressecada e insônia, fizeram com que eu buscasse tratamento. Fiz uso de doses pequenas de um antidepressivo, vinte sessões de EMTr e iniciei reposição com hormônios bioidênticos aplicados diariamente de forma transdérmica após o banho. "Santa medicina" e seus avanços tecnológicos: em um mês, voltei a ser eu mesma.

Até hoje mantenho minha reposição hormonal e realizo atividades físicas três vezes por semana, e aqueles dias cinzentos ficaram no passado. Fiz questão de contar esse episódio pessoal porque observo muitas mulheres sofrendo com sintomas da perimenopausa e pós-menopausa que se negam a buscar ajuda, considerando tais sentimentos parte do envelhecimento natural e que a aceitação é a melhor escolha. Respeito de forma democrática as decisões das pessoas em relação à sua vida; no entanto, ignorar certas coisas pode conduzir a decisões equivocadas que só resultam em sofrimento e dores desnecessários.

Os sinais e sintomas da menopausa geralmente se iniciam antes da suspensão definitiva da menstruação e podem persistir por um ano e meio após seu término. Esse período que antecede o fim da menstruação é denominado perimenopausa, e o que se inicia depois recebe o nome de menopausa propriamente dita. Em ambos os períodos, uma série de alterações físicas e emocionais pode ocorrer, e as mais comuns são oscilações de humor, hipersensibilidade, insônia, ondas de calor, pele ressecada, cabelos quebradiços e em queda, unhas "duplas" e desfolhadas, aumento da massa de gordura, redução da massa muscular, tristeza e cansaço. A terapia de reposição hormonal, realizada por profissionais especializados, é recomendada porque, além de aliviar os sintomas, costuma melhorar o humor em pacientes que apresentam um quadro de tristeza e hipersensibilidade leve. Ela também pode auxiliar nas terapêuticas destinadas a esses quadros, tornando-os mais eficientes, além de restabelecer o bem-estar físico e prevenir as temidas fraturas espontâneas causadas pela osteoporose (descalcificação óssea acelerada pela menopausa).

Em minha prática clínica e vivência pessoal, posso afirmar que o melhor tratamento para os quadros depressivos ocorridos nos períodos pré e pós-menopausa consiste em uma junção de terapias medicamentosas, psicoterápicas e de reposição hormonal – de preferência à base de bioidênticos transdérmicos. Em casos em que a reposição hormonal seja contraindicada por questões relacionadas à predisposição genética para determinados tipos de câncer hormônio-moduláveis ou doenças tromboembólicas, os antidepressivos devem ser cuidadosamente selecionados, a psicoterapia, incrementada, e sessões de EMTr, realizadas de forma regular.

Eu gostaria de esclarecer que a menopausa e a perimenopausa não são uma sentença de quadros depressivos. Temos sempre que considerar as vulnerabilidades genéticas e as circunstâncias vividas pelas mulheres nessa fase. No entanto, as flutuações hormonais costumam constituir gatilhos para o aparecimento e o desenvolvimento de transtornos depressivos.

Uma parcela significativa de pacientes que sofrem de depressão não apresenta esse quadro de forma isolada. Essa doença costuma vir acompanhada de outros transtornos mentais ou mesmo de doenças físicas.

8
A DEPRESSÃO E SUAS ASSOCIAÇÕES

No decorrer de nossa vida, nós armazenamos uma série de experiências, físicas, mentais e espirituais. Nessa trajetória existencial, podemos deparar com diversas formas de adoecimento que poderão nos marcar e/ou nos acompanhar ao longo do tempo. Com o transcorrer dos anos, construímos o nosso verdadeiro "museu autobiográfico", no qual colecionamos vivências alegres, felizes, frustrantes ou transcendentes. Seguindo esse raciocínio, quanto mais vivemos, mais experiências acumulamos. E, dessa forma, a possibilidade de surgirem adoecimentos nas esferas físicas e mentais torna-se maior. De acordo com a subjetividade de cada ser, as doenças ocorrerão em quantidades e/ou intensidades diversas. Por isso devemos travar uma batalha diária para manter o corpo saudável; a mente, harmônica; e o espírito, em estado de paz. Para alcançarmos um estado de saúde mais amplo, é fundamental tomarmos ações preventivas. Entre elas, estão os diagnósticos precoces, os tratamentos assertivos e as práticas que visam ao desenvolvimento espiritual — sem contar o fato de que minimizar os efeitos do envelhecimento natural do organismo também pode retardar o aparecimento e o impacto de eventuais patologias.

Uma parcela significativa de pacientes que sofrem de depressão não apresenta esse quadro de forma isolada. Essa doença costuma vir acompanhada de outros transtornos mentais ou mesmo de doenças físicas, constituindo as comorbidades das quais falamos de maneira parcial e sucinta no capítulo 5, "Depressão infantojuvenil".

Quando uma pessoa é acometida por uma doença física e apresenta, simultaneamente, um quadro de depressão, observamos que sua evolução clínica se torna menos favorável e que um tratamento mais complexo precisa ser elaborado. Essa situação acontece em função de aspectos comportamentais desenvolvidos pelo paciente deprimido, como: diminuição da imunidade, falta de vontade de viver, desânimo, falta de energia, insônia, desatenção, entre outros. Todos os sintomas depressivos, por si só, já dificultam o estabelecimento ou a manutenção de uma rotina saudável e compatível com a realização de um tratamento correto e eficaz. Isso fica evidente pelas dificuldades que esses pacientes apresentam em comparecer a consultas médicas, tomar as medicações com regularidade, praticar atividades físicas e ter uma alimentação salutar. Todos esses aspectos interferem na dinâmica terapêutica, diminuindo muito a aderência do paciente ao tratamento e sua melhora.

Um exemplo de como a depressão pode afetar o tratamento de doenças clínicas são casos em que observamos que o paciente negligencia seu tratamento de maneira inconsciente por causa de seu estado de desânimo, desinteresse e desesperança. Em alguns casos mais graves, essa situação pode ocorrer de maneira intencional, uma vez que o paciente visa abreviar sua existência com o nítido objetivo de cessar seu sofrimento físico, o que muitos costumam considerar uma forma camuflada de suicídio.

A seguir, destacarei os transtornos comórbidos mais frequentes e com os quais tenho deparado de maneira recorrente em minha atuação profissional com os pacientes deprimidos. A figura a seguir resume e apresenta, de modo mais didático, a complexa relação entre a depressão e os transtornos que a ela costumam se associar.

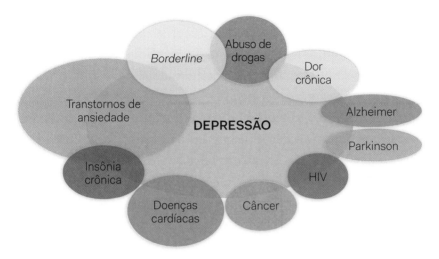

Figura 6. Depressão e transtornos mais comuns associados (elaborada por dra. Ana Beatriz Barbosa Silva e dra. Lya Ximenez).

1. Transtornos de ansiedade

Os transtornos de ansiedade são uma ampla família, com muitos parentes próximos e distantes. Entre eles, destaco o TAG (transtorno de ansiedade generalizada), o transtorno do pânico, a fobia social, o TEPT (transtorno de estresse pós-traumático) e, finalmente, o TOC (transtorno obsessivo-compulsivo). Estima-se que 50% ou mais dos pacientes deprimidos apresentem algum tipo de transtorno de ansiedade associado.[1]

Além de ser comum pacientes apresentarem mais de um transtorno mental, a relação dos transtornos de ansiedade com a depressão pode ser de causa e consequência. Ou seja, no longo prazo (em média, dois anos), os transtornos de ansiedade

---

1. K. Kramlinger. *Depressão pesquisada e comentada pela Clínica Mayo*, p. 156.

podem literalmente causar depressão se não forem tratados adequadamente. Isso ocorre por causa das alterações fisiológicas causadas pela liberação crônica de hormônios do estresse (adrenalina, noradrenalina e cortisol).[2]

A adrenalina é prima-irmã da noradrenalina, com a diferença de que é produzida perifericamente na suprarrenal. Ela é responsável pela "reação de luta ou fuga" – a resposta fisiológica de sobrevivência ao medo em situações de perigo –, influenciando diversos órgãos do corpo por meio do sistema nervoso periférico, que chamamos de autônomo simpático. Assim, entendemos o porquê da palpitação cardíaca, do suor frio nas mãos, do aumento da necessidade de urinar, da dilatação das pupilas, do tremor, entre outros. Podemos entender a noradrenalina como uma substância praticamente igual à adrenalina, porém com atuação predominante no território cerebral.[3]

Já o cortisol é um transmissor neuroendócrino (sua secreção está vinculada a um controle cerebral), produzido em quantidades adequadas e secretado no momento certo. Ele ajuda na adaptação às diversas situações estressantes, além de regular o ciclo do sono-vigília, o estado de alerta e as funções imunológicas. Em excesso, esse hormônio pode causar uma série de disfunções no corpo em geral, como aumento da pressão arterial, doenças cardíacas, osteoporose e baixa imunidade, e no cérebro, produzindo alterações mnêmicas (prejuízo da memória), bem como sintomas psíquicos (medo, ansiedade e irritabilidade).[4]

---

2. Ana Beatriz B. Silva. *Mentes ansiosas*.
3. J. R. Silva e A. Malbergier. "A depressão e a adesão ao tratamento da infecção pelo HIV (vírus da imunodeficiência humana)".
4. Ibid.

Essas três substâncias – a adrenalina, a noradrenalina e o cortisol –, quando produzidas de maneira intermitente e prolongada, levam à exaustão do nosso sistema nervoso central. Nosso cérebro tenta lidar da melhor maneira possível com esse estresse prolongado. No entanto, em algum momento ele se cansa, e uma série de desregulagens funcionais passa a acontecer. Esse esgotamento provocado pelo estresse prolongado favorece o aparecimento de estados depressivos, uma vez que ele promove uma redução nos níveis cerebrais de serotonina, noradrenalina e dopamina, que também podem ser chamados de antidepressivos naturais do organismo. Em geral, qualquer processo de estresse crônico pode levar ao esgotamento mental e físico e, consequentemente, a um transtorno depressivo. A Síndrome de Burnout, a insônia crônica e a dor crônica, que serão vistas no decorrer deste capítulo, são exemplos em que ocorre um processo similar.

1.1. Transtorno de ansiedade generalizada (TAG)

O TAG é um transtorno de ansiedade muito comum, no qual observamos sintomas ansiosos, preocupação excessiva, inquietação, irritabilidade, tensão muscular, cansaço, dificuldade de concentração e problemas com o sono. No TAG, todos esses sintomas ocorrem na maioria dos dias em um período mínimo de seis meses. Sem identificação precoce e tratamento adequado, o TAG tende a evoluir a médio e longo prazo para o desenvolvimento comórbido de um quadro de depressão. Quando a depressão se instala, começamos a observar a presença de hipersensibilidade, labilidade emocional, irritabilidade, alteração da libido, desesperança, falta de vontade de viver e até pensamentos suicidas. Para que o TAG não evolua para um transtorno depressivo, ele deve ser identificado e tratado de forma precoce.

1.2. Transtorno de estresse pós-traumático (TEPT)

Os portadores de TEPT são pessoas que passaram por eventos de natureza excepcionalmente ameaçadora ou catastrófica. Podem ter testemunhado a morte de perto ou corrido risco de vida. Ou então vivenciado momentos de violência ou fatos violentos, como assaltos, sequestros, acidentes de carro, desastres naturais, guerras, torturas psicológicas e/ou físicas, abusos sexuais etc. Essas experiências sempre são acompanhadas por sentimentos de impotência, medo e horror. São fatos que os marcaram profundamente e desencadearam uma série de sintomas físicos e psíquicos, sinalizando que o trauma não foi superado. Além de serem capazes de recordar as imagens do ocorrido, os pacientes que sofrem desse transtorno revivem e remoem de forma intensa, persistente e sofrível toda a dor que os abateu. É o flashback do tormento! Em muitos pacientes, também podem ocorrer sentimentos de anestesia em relação às emoções (afetos), como um embotamento emocional que não apresentavam antes do ocorrido. São sentimentos de anulação de seus afazeres, que se encontram sufocados pelas lembranças mais fortes e mais marcantes. Esses sintomas são conhecidos como "anestesia emocional" ou "torpor psíquico" e, frequentemente, determinam o afastamento de pessoas importantes de seu convívio. É essencial que o indivíduo procure ajuda logo após o trauma, ainda na fase aguda, quando as chances de melhora e superação das recordações aflitivas são maiores. O tratamento precoce também diminui as chances de o indivíduo desenvolver transtornos secundários ao TEPT, como depressão, pânico, abuso de drogas etc., que podem trazer sequelas para o resto de sua vida, com prejuízos evidentes nos setores sociais, profissionais e/ou acadêmicos.

1.3. Fobia social

Também conhecida como transtorno de ansiedade social, é muito mais do que uma simples timidez. O portador desse transtorno costuma se isolar e sofrer uma profunda sensação de solidão. Ele apresenta um medo imensurável de se sentir o centro das atenções, de ser permanentemente observado ou julgado de forma desfavorável (em palestras, apresentações ou aulas). O fóbico social gostaria de não ser tímido e sofre com essa dificuldade. Sua mente está repleta de pensamentos negativos recorrentes relacionados a sentimentos de insegurança e medo.

A longo prazo, a fobia social pode trazer grandes prejuízos ao seu portador – não apenas na esfera afetiva, mas também na social e na profissional. Constantemente, essas pessoas se sentem sozinhas, e é muito comum que desenvolvam quadros depressivos durante a adolescência e a vida adulta. A maioria delas apresenta uma predisposição perceptível na infância e principalmente no início da adolescência. Assim, na idade adulta, geralmente a depressão costuma coexistir com o transtorno. Não é incomum observarmos nesses pacientes o uso de álcool, cânabis ou mesmo calmantes sem prescrição médica adequada com o intuito de enfrentar a temida exposição social. Tal tipo de comportamento costuma desencadear, ou mesmo agravar, quadros de depressão que o isolamento social por si só já é capaz de produzir.

1.4. Transtorno do pânico

É caracterizado pelo medo de ter crises intensas de ansiedade, às quais denominamos ataques de pânico. O ataque de pânico é uma forma de crise aguda e intensa de ansiedade, na qual a pessoa apresenta uma série de sintomas de mal-estar que podem incluir palpitações, dor no peito, falta de ar, tontura, tremores, sudorese, calafrios, formigamento nas extremidades, dores abdominais, sensação de despersonalização (quando a pessoa não sente que é ela mesma), percepção de engasgo ou fechamento da garganta, náuseas e sensação de morte iminente, de estar perdendo o controle de si próprio ou de estar enlouquecendo. São casos muito comuns nas emergências hospitalares. Muitos desses sintomas são tão intensos que os pacientes julgam estar vivenciando um ataque cardíaco ou um mal súbito que coloca sua vida em risco real. As crises de pânico duram de vinte a quarenta minutos em média, e durante esse período os pacientes vivenciam um sofrimento profundo acompanhado de desespero que os leva a solicitar ajuda até mesmo a pessoas desconhecidas.

As pessoas que sofrem de pânico não costumam identificar nenhum fato ou motivo óbvio que justifique a ocorrência dos primeiros ataques do transtorno. No entanto, o que observo em minha prática clínica é que, na maioria dos casos, existe, sim, uma ligação com os eventos responsáveis pelo desencadeamento das primeiras crises da vida dessas pessoas. Em uma investigação mais detalhada, observo que eventos estressantes e ansiosos estão presentes de forma crônica na vida dos pacientes em um período que varia entre dezoito e 36 meses antes da instalação do quadro de pânico propriamente dito. Muitos pacientes também já apresentam sintomas depressivos nessa mesma ocasião, configurando uma nítida comorbidade entre o transtorno de pânico e a depressão.

1.5. Transtorno obsessivo-compulsivo (TOC)

O TOC caracteriza-se pela presença de pensamentos obsessivos (pensamentos de conteúdo negativo, intrusivos e recorrentes) e compulsões (comportamentos ritualísticos e repetitivos), popularmente conhecidas como "manias".

"Os comportamentos ritualísticos podem ser tanto manifestos, como no caso de uma pessoa que lava as mãos ou checa as fechaduras, quanto encobertos, na forma de atos mentais, como por exemplo recitar rezas ou pensar em palavras e frases que neutralizem os pensamentos obsessivos."[5]

O TOC sempre traz grandes doses de sofrimento e constrangimento aos seus portadores, determinando, com isso, importantes limitações em sua vida. É fundamental destacar que o cérebro humano é especialmente sensível aos pensamentos de conteúdo negativo. Eles têm "o poder" de conduzir a mente a um estado que costumo denominar de exaustão mental.

Por outro lado, os comportamentos ritualísticos repetitivos conduzem a uma exaustão física. A união da exaustão mental com a exaustão física que costumo observar nos portadores de TOC faz com que a maioria absoluta deles desenvolva, de forma comórbida, quadros depressivos importantes e de gravidades variadas.

2. Transtorno de personalidade *borderline*

Antes de descrever o que é esse transtorno, é preciso compreender o que é uma *personalidade* propriamente dita. De modo bem abrangente, a personalidade é um conjunto de padrões de pensamentos, sentimentos e comportamentos que uma pessoa apresenta ao longo de sua existência. Ela é o resultado da interação dinâmica entre o que herdamos geneticamente de nossos

---

5. Ana Beatriz B. Silva. *Mentes e manias*. p. 39

pais (temperamento) e as experiências que adquirimos durante toda a vida (caráter).

"Todos nós apresentamos momentos de explosões de raiva, tristeza, impulsividade, teimosia, instabilidade de humor, ciúmes intensos, apego afetivo, desespero, descontrole emocional, medo da rejeição, insatisfação pessoal. E, quase sempre, isso gera transtornos e prejuízos para nós mesmos e/ou para as pessoas ao nosso redor. Porém, quando esses comportamentos disfuncionais apresentam-se de forma frequente, intensa e persistente, eles acabam por produzir um padrão existencial marcado por dificuldades de adaptação do indivíduo ao seu ambiente social. Quando isso ocorre, podemos estar diante de um quadro bastante complexo, confuso e desorganizado, denominado *transtorno de personalidade* borderline *(TPB)*."[6]

Observo, em minha rotina profissional, que a maioria dos pacientes com esse transtorno desenvolve quadros depressivos de intensidades variadas em diversos momentos da vida.

Devo salientar que tais episódios depressivos costumam apresentar estreita relação com momentos de perdas, frustrações e/ou conflitos afetivos. Os sentimentos de rejeição, reais ou imaginados, constituem os principais fatores desencadeantes dos sintomas depressivos que ocorrem com as pessoas que apresentam o transtorno de personalidade *borderline*.

3. Uso de drogas

Neste item, antes de mais nada, definirei alguns conceitos que serão essenciais para o entendimento do assunto como um todo.

---

6. Ana Beatriz B. Silva. *Corações descontrolados*, p. 23.

Define-se como droga qualquer substância, natural ou não, que produz efeitos na fisiologia do organismo. Especificamente neste caso, falaremos sobre as drogas que possuem ações psicoativas, tanto as ilícitas quanto as lícitas. Elas alteram o funcionamento de nossa mente e seus respectivos níveis de consciência.

A seguir, apresento as substâncias psicoativas mais populares, consumidas de forma recreativa e/ou abusiva, que predispõem o aparecimento e/ou o desenvolvimento de transtornos depressivos na maioria absoluta dos seus usuários:

- álcool
- maconha, skunk e haxixe
- cocaína e seus derivados
- opioides e seus derivados
- ecstasy (metilenodioximetanfetamina ou MDMA)
- calmantes, hipnóticos, indutores do sono e sedativos

O uso dessas substâncias, mesmo que de forma recreativa ou pontual, produz importantes alterações momentâneas no funcionamento cerebral. Em alguns casos, pode favorecer o desenvolvimento de transtornos mentais. Tal situação se torna especialmente perigosa para pessoas que apresentam suscetibilidade genética para algum tipo específico de patologia psiquiátrica (bipolaridade, esquizofrenia etc.).

O uso intenso e recorrente das substâncias psicoativas leva à dependência química – um transtorno mental por si só. Nessa situação, a disfunção cerebral atinge tais níveis que o indivíduo passa a necessitar da droga para se sentir bem ou completo. Ele apresenta evidentes dificuldades de controlar sua vontade e o consumo dessas substâncias, o que acaba acarretando consequências bastante negativas em todos os setores da sua vida (familiar, afetiva, social e profissional).

Estudos mostram que 30% dos indivíduos que fazem uso abusivo recorrente de álcool desenvolverão quadros depressivos de intensidades diversas.[7] É importante destacar também que a intoxicação alcóolica aguda pode ocasionar o chamado "coma alcóolico" – uma emergência médica que pode levar ao óbito. O consumo prolongado do álcool pode ainda provocar doenças neurológicas (demências e polineuropatia), cardíacas e hepáticas.

O uso crônico de derivados da cânabis (maconha, skunk ou haxixe) pode acarretar problemas cognitivos nos indivíduos – em especial, os relacionados à capacidade de memorização. Também pode ser observada a denominada síndrome amotivacional, que pode ser descrita como uma depressão crônica marcada por intensa falta de ânimo e motivação.

A cocaína e seus derivados, como o crack, a base, o oxi e a merla, são extraídos da folha da planta *Erythroxylum coca* por meio de uma preparação química. A folha de coca em si não possui características psicoativas importantes nem oferece risco ao vício, pois possui uma quantidade mínima da substância da qual deriva a cocaína. Na Bolívia, ela é muito usada por suas propriedades medicinais e na confecção de alimentos e roupas. A cocaína, popularmente conhecida como "pó", possui alto risco de abuso e dependência, especialmente quando consumida em concomitância com bebidas alcoólicas. Sua ação é semelhante à da adrenalina ou da noradrenalina, como vimos anteriormente, substâncias produzidas pelo nosso organismo. O uso crônico da cocaína altera a quantidade de neurotransmissores no cérebro e

---

7. K. Kramlinger, op. cit., p. 157.

ocasiona disfunções expressivas em toda a bioquímica cerebral, favorecendo o desenvolvimento de transtornos psiquiátricos como a depressão, o pânico, a euforia e a psicose. O crack, a base, o oxi e a merla são derivados sintéticos extremamente tóxicos da cocaína. Isso se deve à presença de doses elevadas de querosene e solventes no preparo de tais substâncias. Os usuários desses derivados "sujos" da cocaína evoluem para a dependência química de forma acelerada e severa.

O ecstasy (metilenodioximetanfetamina), também chamado de MDMA, é uma droga sintética derivada da anfetamina que tem uma ação semelhante à da cocaína no cérebro. É conhecida como a droga do desejo e pode provocar uma síndrome depressiva reativa que costuma ocorrer no dia seguinte ao seu consumo. Seu uso recorrente promove nos usuários o desenvolvimento do que na medicina denominamos de "tolerância à droga". Quando isso ocorre, a pessoa passa a consumir quantidades cada vez maiores da droga para obter o mesmo efeito de prazer que experimentava anteriormente. E, parafraseando a expressão popular "Tudo o que sobe desce", o mesmo ocorre com as sensações agradáveis seguidas de efeitos rebotes denominados *down* que os usuários vivenciam após o uso intenso dessa substância. Quanto mais sensível for a bioquímica cerebral de um indivíduo aos estimulantes, maior e mais grave poderá ser seu quadro de depressão.

Os benzodiazepínicos, mais conhecidos como calmantes, possuem propriedades ansiolíticas, sedativas e hipnóticas. Entre eles, podemos citar o diazepam, o clonazepam, o alprazolam, o flunitrazepam, o midazolam, o bromazepam, o lorazepam, entre outros. O uso frequente de doses elevadas, por tempo prolongado e sem acompanhamento médico, pode desencadear dependência química. É importante destacar que a associação entre benzodiazepínicos e derivados alcoólicos é absolutamente contraindicada, pois ambos promovem o rebaixamento nos níveis de consciência do sistema nervoso central, aumentando a ocorrência de quadros depressivos que tendem a se tornar crônicos e menos responsivos aos tratamentos convencionais.

4. Dor crônica

A dor crônica pode ser definida como qualquer dor persistente e/ou que apresenta duração mínima de três meses. Pelo menos 50% dos pacientes com dor crônica desenvolverão quadros de depressão em algum momento de sua sintomatologia álgica (relativa a dor).[8]

Os quadros depressivos e os sintomas dolorosos guardam íntima conexão. Além de serem frequentes, são uma estrada de duas vias, ou seja, um pode gerar o aparecimento do outro, além de contribuir para seu agravamento e propiciar complexidades terapêuticas.

Para entendermos essa associação, é preciso lembrar alguns aspectos funcionais do organismo. A dor funciona como um sinal de alarme: ela avisa que algo no corpo está em sofrimento ou estresse. Tal sinalização se dá por meio da liberação de substâncias inflamatórias e de hormônios relacionados ao estresse – em especial, o cortisol. Tudo é feito com o objetivo de promover alívio ou eliminar os sintomas álgicos. No entanto, se o processo começa a se prolongar, o efeito a princípio curativo desses mecanismos fisiológicos tende a adoecer ainda mais o organismo. É o velho ditado: "Tudo o que é demais enjoa ou faz mal". O excesso de reações inflamatórias e de produção de cortisol leva

---

8. M. J. Teixeira. "Dor e depressão".

todo o corpo a um estado crônico de estresse que acaba por promover o aumento da dor, a redução na produção dos neurotransmissores cerebrais (serotonina, dopamina, noradrenalina) e disfunções importantes no sistema imunológico e endocrinológico de todo o organismo. Essas alterações criam um território propício para a depressão se desencadear ou mesmo se agravar nos pacientes portadores de um ou ambos os quadros clínicos. O papel do estresse crônico foi detalhadamente explicado e ilustrado no capítulo 4, "A depressão e suas causas".

Diante de tudo o que foi exposto anteriormente, e também pelo contato diário com pacientes que apresentam sintomas dolorosos e/ou depressivos, posso afirmar que somente uma abordagem terapêutica que vise aliviar e prevenir ambos os quadros poderá produzir resultados realmente efetivos de curto e longo prazos para esses pacientes.

5. Doença de Parkinson

Trata-se de uma doença neurológica de caráter degenerativo e progressivo na qual observamos uma marcante disfunção na produção do neurotransmissor dopamina. Tal alteração é especialmente detectada nas regiões cerebrais responsáveis pela sincronização dos movimentos corpóreos gerais. Essa doença tende a se iniciar com a presença de tremores, rigidez muscular, andar arrastado, desequilíbrio, dificuldade de iniciar os principais movimentos e sintomas cognitivos, em especial a lentidão dos pensamentos.

A associação entre o Parkinson e a depressão é frequente. A Associação Americana de Psicologia estima que 40 a 50% dos pacientes acometidos por essa patologia neurológica desenvolverão quadros depressivos em algum momento da evolução dessa enfermidade. É interessante destacar que, ao atingir a produção da dopamina, o Parkinson poderá ocasionar uma série de alterações psíquicas em seus portadores. A dopamina exerce importante papel nas funções de atenção, concentração, memória, energia física, iniciativa, motivação e sensação de prazer (ver figura 4 no capítulo 4, na página 73).

Considerando a relevância da dopamina nas diversas funções cognitivas e físicas no organismo, fica claro que sua deficiência, ainda que inicialmente localizada, tem um papel essencial no ajuste dos nossos estados de humor. Quando a doença de Parkinson se apresenta associada a um quadro depressivo, o tratamento concomitante de ambos se faz necessário, para que possamos de fato oferecer aos pacientes uma melhora clínica satisfatória e funcional.

Muitas vezes, pacientes deprimidos chegam a mim encaminhados por neurologistas que constataram quanto os sintomas depressivos estavam prejudicando a aderência ao tratamento neurológico, bem como às atividades físicas e fisioterápicas. Estas últimas são de extrema importância para a evolução funcional da autonomia cotidiana dos pacientes.

Como salientei de forma mais detalhada no capítulo 6, "Depressão na terceira idade", os pacientes com Parkinson e depressão costumam apresentar resposta antidepressiva expressiva quando associamos aos tratamentos convencionais a terapia neuromodulatória de EMTr.

6. Doença de Alzheimer

A doença de Alzheimer é uma doença neurodegenerativa do cérebro na qual podemos observar dificuldades com a memória – em especial as de curto e médio prazo. Trata-se de uma forma de demência relativamente comum em pessoas acima de 65 anos. Até o momento, infelizmente, não existe uma cura para essa doença. Os tratamentos visam minimizar as disfunções produzidas na rotina diária dos pacientes. Em sua fase inicial, ela pode ser confundida com a depressão, por compartilharem alguns sintomas semelhantes. Também podemos observar casos em que ocorre a coexistência das duas doenças, o que dificulta a identificação precoce da doença de Alzheimer e torna seu prognóstico menos favorável. Estudos revelam que a depressão clínica é um fator de risco para demências em geral.[9]

De forma diversa da pessoa que só manisfesta depressão, os pacientes no início de Alzheimer não apresentam melhoras significativas com o uso exclusivo de antidepressivos. Essa mudança só ocorre com a utilização de medicamentos específicos para a melhoria das funções cognitivas.

Quando encontramos sintomas concomitantes de Alzheimer e de depressão, a associação de medicações para ambas as patologias deve ser feita, pois o alívio, mesmo que parcial, da depressão contribui para uma melhor evolução do quadro de demência, que tende a ser mais lento e menos incapacitante.

7. Vírus da imunodeficiência humana (HIV)

O HIV é um vírus que infecta as nossas células de defesa chamadas linfócitos T, conhecidas como os "maestros" da nossa resposta imunológica. Essa infecção provoca uma queda na

---

9. R. S. Wilson et al. "Clinical-pathologic study of depressive symptoms and cognitive decline in old age."

imunidade e pode causar a SIDA, a síndrome da imunodeficiência humana, se não tratada adequadamente.

Uma boa parte dos pacientes soropositivos (isto é, portadores do HIV) em algum momento apresenta algum transtorno psiquiátrico, sendo o mais comum a depressão.[10] Essas taxas elevadas se devem tanto a fatores psicológicos quanto físicos, e, entre eles, estão o tabu e o estigma social, a baixa imunidade, a presença de células infectadas e infecções oportunistas no cérebro que podem aparecer em estágios mais críticos da doença. Pacientes que se tratam adequadamente têm menores chances de desenvolver um quadro depressivo.

Além disso, foram identificados fatores individuais que aumentam o risco de esses pacientes desenvolverem um quadro de depressão, tais como: distúrbio de personalidade, história de depressão na família ou no passado, uso de álcool e drogas, o fato de serem do sexo feminino, desemprego, sintomas relacionados à SIDA (emagrecimento, diarreia, manchas na pele), múltiplas perdas, pouco suporte social (solidão, conflito social), luto, doença avançada e falha terapêutica.[11]

Diversos estudos apontam que aproximadamente 50% dos portadores não aderem adequadamente à medicação, e boa parte disso se deve à alta prevalência de transtornos psiquiátricos, principalmente a depressão.[12] A depressão afeta a evolução da doença por aumentar as taxas de abandono do tratamento e também por gerar a redução da eficiência do sistema imunológico do paciente.

---

10. A. Malbergier e A. C. Schöffelc. "Tratamento de depressão em indivíduos infectados pelo HIV".
11. Ibid.
12. P. R. Teixeira, V. Paiva e A. Shimma. *Tá difícil de engolir? Experiências de adesão ao tratamento antirretroviral em São Paulo.*

O Ministério da Saúde já recomenda acompanhamento psicológico aos pacientes e acolhimento social assim que for dado o diagnóstico de SIDA, justamente para trabalhar o estigma e a aceitação do tratamento e da doença.[13] A aderência ao tratamento representa um dos principais desafios no tratamento do HIV e em seu combate. O apoio psicológico e o tratamento da depressão diminuem o risco da evasão ao tratamento, aumentam os cuidados do paciente consigo próprio e evitam o engajamento dos pacientes em comportamentos de risco que favoreçam a transmissão para outras pessoas.

O tratamento da depressão nesses pacientes deve ser feito em parceria com o médico infectologista, com o psicólogo e com todos os demais que compõem a equipe multidisciplinar responsável pelo seu acompanhamento clínico.

A escolha da medicação antidepressiva dependerá dos sintomas e do estágio da doença. Observa-se que os antidepressivos utilizados no tratamento da depressão clínica apresentam eficácia similar nos casos associados com a infecção pelo vírus HIV.[14]

Entre os antidepressivos mais utilizados para esses casos estão os inibidores seletivos da recaptação da serotonina (ISRS), como fluoxetina, sertralina, paroxetina e citalopram, que também não interagem de forma importante com o tratamento antirretroviral (TARV).[15] Sugere-se, nesses casos, sempre iniciar com doses bem baixas, para evitar efeitos colaterais, melhorar a tolerância ao remédio e aumentar a aderência ao tratamento.

---

13. Ibid.
14. A. Malbergier e A. C. Schöffelc, op. cit.
15. Ibid.; P. R. Teixeira, V. Paiva e A. Shimma, op. cit.; A. Malbergier e A. C. Schöffelc, op. cit.

8. Câncer

Estima-se que aproximadamente 15 a 25%[16] dos pacientes com câncer apresentarão, de forma associada, um quadro de depressão durante o curso de sua patologia oncológica. Vale destacar que essas estatísticas já bastante elevadas não levam em consideração os sintomas depressivos que frequentemente ocorrem como consequência dos efeitos adversos da quimioterapia utilizada no tratamento da grande maioria dos pacientes diagnosticados com qualquer tipo de câncer. Desta feita, os índices de sintomas depressivos podem atingir taxas bem mais elevadas durante o período no qual o paciente recebe de forma recorrente os agentes quimioterápicos (tudo depende do protocolo de tratamento estabelecido para cada tipo de estágio de câncer).

Essa relação tão estreita entre câncer e depressão é constatada diariamente pelos médicos que prestam assistência aos pacientes oncológicos, como infectologistas e tantos outros profissionais de saúde que acompanham esses pacientes em suas longas e difíceis batalhas pela recuperação de sua saúde física e mental.

Sobre esse aspecto, tenho uma lembrança dos tempos da faculdade de medicina que sempre me vem à mente com um misto de admiração e saudade, pois se trata de uma frase proferida por um professor de imunologia, Alexandre Adler, que não está mais entre nós. O ano, se não me falha a memória, era 1984, e, em uma das suas magistrais aulas, Adler, como costumava ser conhecido pelos corredores do Hospital Pedro Ernesto, discorria

---

16. P. R. Teixeira, V. Paiva e A. Shimma, op. cit.; L. R. Derogatis et al. "The prevalence of psychiatric disorders among cancer patients".

sobre quão complexo e desconhecido ainda era o nosso sistema imunológico: "Um sistema feito para nos defender, mas que algumas vezes pode se voltar contra nós mesmos, produzindo as denominadas doenças autoimunes, como lúpus, doença de Chron, colite ulcerativa, psoríase, artrite reumatoide etc. E, em outras ocasiões, comete falhas, muitas vezes fatais, tanto em detectar quanto em eliminar as células defeituosas produzidas todos os dias em nosso organismo".

Com a curiosidade impulsiva que caracterizou minha vida acadêmica, não me contive e perguntei: "Professor, como assim, falha em eliminar células defeituosas?". Adler olhou-me com um leve sorriso e começou sua didática resposta: "Dona Bia, pense no organismo como uma fábrica de células que funciona 24 horas por dia durante toda a nossa vida. Como ocorre em qualquer linha de produção de grande amplitude, uma parcela desses produtos apresenta pequenos ou grandes defeitos. Por isso existe, em cada fábrica, um setor denominado 'controle de qualidade', justamente para identificar e impedir que tais produtos cheguem ao mercado consumidor. Em nosso corpo, existe também um sistema preparado para identificar e eliminar as células que não estejam de acordo com o perfeito funcionamento de todo o nosso organismo. Esse sistema é formado por outras células que engolem e destroem aquelas que apresentam disfunções e prejudicarão o bom andamento do todo. As células cancerosas são produtos defeituosos com grande potencial de individualismo que, egoistamente, só querem saber de sua sobrevivência, mesmo que para isso elas tenham que roubar o suprimento alimentar de todas as outras células ao redor. E, quando não encontram mais alimento de quem pegar, atravessam os vasos sanguíneos e se alojam em outros locais, iniciando novamente o processo de saquear as outras células".

Tudo tinha ficado muito claro para mim, então retruquei: "As células cancerígenas são como psicopatas e se utilizam das demais para suprir seus desejos insaciáveis de alimento e crescimento". O professor Adler, com os olhos fixos em algum ponto, disse: "Bela analogia; é isso mesmo! E agora, para finalizar nossa aula, que já se estendeu além do horário, deixarei com vocês outra analogia, para pensarmos e debatermos na próxima aula: se as células 'psicopatas' escapam do controle policial do organismo, que tipo de pessoas elas atacarão? Até a próxima terça, e uma ótima semana pra todos!". É claro que fui atrás de Adler e, caminhando ao seu lado, disse: "Você não vai me fazer esperar uma semana com esse desafio na cabeça, por favor! O que você quis dizer com o tipo de pessoa em que as células cancerosas podem se proliferar com maior facilidade?". Para se ver livre de mim, ele docemente respondeu: "Bia, tem uma frase de que gosto muito e que poderá apontar para a resposta: o câncer é a depressão da célula". Anotei a frase e, sob seu impacto, fiquei parada e vi o professor sumir no estacionamento rumo a seu carro.

Hoje, quando me recordo da frase do Adler, eu me emociono duplamente. Primeiro, pela saudade que ele deixou e, segundo, pela constatação de que ele já sabia, mesmo de forma intuitiva ou empírica, que havia uma intercorrelação estreita entre o câncer e depressão e que essa relação começava tanto na produção de células disfuncionais, frias e egoístas, como na falha do nosso sistema imunológico em combatê-las. Pessoas deprimidas apresentam modificações quantitativas e qualitativas em seu sistema de defesa que as predispõem a infecções diversas, como sinusite, faringite, otites, gastrites, colites e tantas outras "ites". De forma crônica ou repetitiva, essas alterações podem, de fato, acometer o sistema responsável pela detecção e pela eliminação das células cancerosas. Os anos se passaram, e os estudos imunológicos se aprofundaram, revelando de forma inequívoca essa associação entre o câncer e a depressão ou vice-versa. E confesso que eu adoraria entregar um exemplar deste livro com esta página marcada para o professor Alexandre Adler e dizer, sorrindo: "Você estava certo!". E eu diria mais: "Muito obrigada por ter sido um mestre que me ensinou muito conteúdo técnico, mas que, mais do que isso, ensinou-me a ser uma médica e uma pessoa melhor, especialmente no trato com o sofrimento dos pacientes".

É importante destacar que, ainda hoje, receber um diagnóstico de câncer é algo bastante assustador para a maioria absoluta das pessoas. Isso ocorre porque, durante muito tempo, esse diagnóstico era considerado quase como uma sentença de morte. Atualmente, esse cenário tem apresentado boas e promissoras novidades. A cada dia surgem novos e mais eficazes tratamentos. Além disso, a conscientização da população sobre a necessidade de práticas preventivas vem possibilitando diagnósticos precoces, o que torna o prognóstico dos pacientes bem mais favorável e seus tratamentos, mais eficazes. Dessa forma, aos poucos, as sombras do passado relacionadas ao câncer vão sendo dissipadas, e o tratamento da doença em si e da depressão que costuma se associar a ela nos aponta para um número crescente de "finais felizes".

9. Doenças cardiovasculares

Trata-se de patologias que acometem o sistema cardíaco (coração) e/ou vascular (veias e artérias). Dentro desse grupo, podemos incluir os infartos, a doença coronariana, a insuficiência cardíaca e a hipertensão arterial, entre outros. Elas ocupam o primeiro lugar no ranking de doenças causadoras de morte em nossos dias.[17] Estima-se que aproximadamente 17 a 27 %[18] dos pacientes portadores de doenças cardiovasculares desenvolverão quadro de depressão clínica. Isso corresponde a dizer que uma a cada quatro ou cinco pessoas portadoras de algum tipo de patologia cardiovascular ficará deprimida.

Tratar a depressão associada aos quadros de doenças cardiovasculares deve ser uma prática médica cuidadosamente protocolada, tendo em vista as altas taxas de comorbidade existentes entre os dois tipos de patologias. Além disso, o tratamento concomitante torna os pacientes mais aptos a aderir às diversas terapêuticas para essas doenças: o uso correto das medicações, a prática de atividades físicas, a alimentação saudável e a participação em atividades sociais.

10. Insônia crônica

Como já destaquei no capítulo 4, "A depressão e suas causas", o ciclo biológico do sono costuma se apresentar bastante alterado nos quadros de depressão. Os pacientes deprimidos se queixam, em geral, de insônia terminal, excesso de sono e até mesmo de sono fragmentado.

A insônia crônica em estado prolongado produz o que denomino de "sono não reparador", o qual pode desencadear transtornos de humor – tanto a depressão como a mania – em pa-

---

17. OMS. "Global status report on noncommunicable diseases 2014".
18. C. T. Teng, E. C. Humes e F. N. Demétrio. "Depressão: comorbidades clínicas"; B. Rudisch e C. B. Nemeroff. "Epidemiology of comorbid coronary artery disease and depression".

cientes que apresentam histórico e/ou predisposição genética para essas doenças. É necessário destacar que a insônia crônica também pode agravar os quadros de depressão, além de tornar seus tratamentos menos eficazes ou mesmo não responsivos.

Uma avaliação criteriosa do sono de qualquer pessoa é de fundamental importância para a manutenção de sua saúde física e mental. E devemos, sempre que possível, solicitar uma polissonografia noturna, pois esse exame pode revelar alterações durante o sono que são imperceptíveis pela pessoa e/ou por seus familiares.

Restabelecer um sono reparador é um dos aspectos mais valiosos no tratamento dos transtornos depressivos. Essa ação também contribui para a prevenção de doenças cardiovasculares, da fadiga crônica, de cefaleias etc.

Ser saudável e minimamente equilibrado é uma tarefa árdua, que exige de cada um de nós bem mais do que seguir um mero tratamento convencionalmente protocolado.

9
ESTRATÉGIAS COMPLEMENTARES E FUNDAMENTAIS NA RECUPERAÇÃO DA DEPRESSÃO

Durante muitos anos, houve uma verdadeira guerra entre profissionais de saúde mental quanto à melhor e mais eficaz forma de abordar o tratamento da depressão. De um lado, os psiquiatras defendiam as soluções medicamentosas e nelas apostavam todas as suas fichas; do outro, psicólogos e terapeutas tendiam a rejeitar os antidepressivos e outras medicações sob o argumento simplista de que eles podiam mascarar as verdadeiras causas da depressão.

Essa divisão quanto à forma de tratar a depressão causou muito sofrimento aos pacientes e preconceitos relacionados à doença depressiva, além de suicídios que poderiam ter sido evitados. Tais visões fragmentadas, infelizmente, ainda ecoam em nossos dias. Por conta dessas divergências, alimentadas em parte por ignorância e vaidade pessoal, muitos pacientes se recusam a buscar ajuda médica e/ou utilizar medicamentos adequados, por julgarem que assim demonstrarão que são fracos, covardes ou defeituosos em seu equilíbrio cerebral.

Hoje em dia, graças ao bom senso e aos resultados de diversos estudos e pesquisas ao redor do mundo, prevalece a certeza de que o trabalho em conjunto de médicos e terapeutas beneficia a recuperação e a prevenção de novos episódios depressivos, especialmente nas pessoas que apresentam maior vulnerabilidade genética para os transtornos depressivos, como já expliquei no capítulo 4, "A depressão e suas causas".

A união entre psiquiatras, psicólogos e terapeutas em geral certamente foi um enorme avanço na história do tratamento da depressão. No entanto, a meu ver, tal conquista não pode ser considerada um fim; muito pelo contrário: ela deve marcar o início de uma nova era, em que o conhecimento sempre é bem recebido e exerce papel somatório ao tratamento, além de abrir portas para que possamos transformar parte do sofrimento advindo do transtorno em novos aprendizados pessoais e/ou coletivos.

Essa nova forma de encarar a depressão nos desperta para a importância de cuidarmos de todas as nossas dimensões: corpo, mente e espírito. Trabalhar as dimensões da condição humana com equilíbrio, coragem e humildade, além de ajudar na recuperação dos processos depressivos, pode também reduzir as chances de frequentes recaídas, além de aumentar a eficácia dos tratamentos instituídos.

Neste capítulo, falarei sobre os aspectos físicos, mentais e espirituais na transformação vital de pessoas acometidas pela depressão ou predispostas a sofrer da doença. No entanto, uma visão mais complexa é fundamental para que o paciente tenha um melhor enfrentamento e uma recuperação mais eficaz de qualquer tipo de patologia.

Ser saudável e minimamente equilibrado é uma tarefa árdua, que exige de cada um de nós bem mais do que seguir um mero tratamento convencionalmente protocolado. A saúde "tridimensional" requer uma postura transcendente diante das doenças, das provações e das frustrações inevitáveis da vida. Possuir um estado de saúde tridimensional equivale a nos transformarmos em verdadeiros "pais amorosos" de nós mesmos e, dessa forma, aprendermos a cuidar do nosso ser por inteiro.

As estratégias tridimensionais para uma vida saudável são: ter uma alimentação adequada, praticar atividades físicas com regularidade e cuidar dos aspectos emocionais e espirituais durante toda a nossa existência. Tudo isso tem o poder de reduzir nossos níveis de estresse e de fortalecer nossa resistência física, psíquica e espiritual.

É claro que simplesmente adotar um estilo de vida mais saudável e abrangente não curará, por si só, a depressão. Seu tratamento exige a participação de profissionais de saúde especializados e devotados para esse fim. No entanto, quando a pessoa começa a sentir o retorno de suas energias e o ressurgimento de seu eu mais essencial, ela pode e deve assumir os cuidados dos aspectos tridimensionais do seu ser, pois somente assim poderá assegurar a manutenção do seu bem-estar existencial.

1. Aspectos relacionados à saúde física (corpo)

1.1. Atividades físicas

A maioria dos pacientes deprimidos costuma ter dificuldade em aceitar que atividades físicas podem de fato ser importantes para os resultados de seu tratamento médico. Eles se sentem sem energia e sem vontade para testar essa verdade terapêutica. Costumo sugerir, como parte da prescrição médica, tanto atividades físicas aeróbicas como anaeróbicas, pois ambas apresentam benefícios.

As atividades aeróbicas estimulam o funcionamento cardíaco, pulmonar e muscular, contribuindo para uma melhora significativa do ritmo cardíaco, do aproveitamento respiratório e para obtenção e manutenção de melhores níveis pressórios (equilíbrio da pressão arterial). Os exercícios aeróbicos incluem caminhadas, andar de bicicleta, dançar, correr e outras atividades, como a natação e a hidroginástica.

Os exercícios anaeróbicos estão relacionados ao ganho de força muscular, como os praticados em sessões de musculação, e também os que melhoram a flexibilidade do corpo, como as atividades físicas praticadas nas aulas de alongamento, pilates e ioga.

A prática de atividades físicas deve ser regular, para que sua função terapêutica na melhora da depressão possa ser observada. Ela deve ser iniciada de forma gradativa (dez a vinte minutos por dia) e aumentada lentamente até que se atinja a meta ideal de cinquenta a sessenta minutos em sessões que tenham frequência de três a cinco vezes por semana. Não somente o tempo deve ser avaliado e graduado, mas também o esforço físico, assim como as cargas de peso e os níveis de dificuldade nos exercícios relacionados ao aumento da massa muscular e da flexibilidade das articulações.

As atividades físicas regulares promovem a liberação, a médio e longo prazos, de substâncias cerebrais extremamente importantes na recuperação dos sintomas depressivos, como a dopamina, a serotonina e a própria noradrenalina. Outra substância parece exercer uma ajuda preciosa na recuperação dos pacientes deprimidos que conseguem manter suas atividades físicas para além de seis semanas: a endorfina. A produção de endorfina se inicia após esse período. Trata-se de um neurotransmissor cerebral com potente função analgésica e que, portanto, reduz os diversos sintomas dolorosos dos quais os pacientes deprimidos frequentemente se queixam. A endorfina produz ainda a tão conhecida sensação de satisfação e bem-estar que os atletas praticantes de corridas e outras atividades aeróbicas conhecem muito bem.

A prática regular de exercícios proporciona aos pacientes deprimidos ganhos extras, como redução dos riscos de doenças cardíacas e degenerativas (como Alzheimer e Parkinson), aumento no nível de energia física, melhora na qualidade do sono e do apetite, aumento da massa óssea – o que pode prevenir ou retardar a osteoporose –, melhora da autoestima, manutenção de um peso corpóreo saudável e aumento da convivência social. Neste último aspecto, as atividades em grupo, como caminhadas, escaladas e trilhas ecológicas, corridas, ciclismo e dança de salão, têm promovido verdadeiras revoluções na vida de muitos de meus pacientes que iniciaram tais atividades por obrigação. Para a maioria absoluta deles, essas atividades marcaram o início de uma nova fase da vida, muito mais alegre e compartilhada com novos e divertidos amigos.

Antes de iniciar a prática de qualquer atividade física, é fundamental que o paciente realize uma avaliação médica (por um clínico geral ou cardiologista), para que possa seguir cuidados e recomendações baseados em seu histórico e quadro clínico específico. Bons profissionais de educação física sabem o valor dessa avaliação para a saúde do paciente e costumam estabelecer um diálogo participativo com os profissionais de saúde mental que o assistem. Um indício laboratorial dessa parceria tão propícia entre as atividades físicas e o tratamento da depressão são os níveis sanguíneos do GH (hormônio do crescimento), como explicado no capítulo 4, "A depressão e suas causas". Em pacientes deprimidos, tais níveis sanguíneos encontram-se reduzidos – em geral, bem abaixo do limite mínimo. Quando refazemos essa dosagem sérica nos pacientes que aderiram às atividades físicas regulares, observamos que os níveis desse hormônio apresentam elevações percentuais expressivas em um espaço de tempo compreendido entre seis meses e um ano após o início do tratamento complementado com atividades físicas.

1.2. Alimentação

Costumo dizer que somos o que fazemos, e não o que falamos. Quanto mais agimos na direção do altruísmo, mais obtemos doses generosas de paz de espírito. E, por consequência, tendemos a ser mais felizes e tranquilos em nosso lar, no nosso trabalho e com as pessoas em geral.

Sinto e observo que essa frase pode ser perfeitamente utilizada para nos referirmos à nossa alimentação, ou seja, somos o que comemos, e, quanto melhor nos alimentarmos, melhor será a nossa disposição física.

De forma bem geral, devemos abusar de verduras, legumes e frutas, comer com moderação e parcimônia carboidratos, proteínas e laticínios e, de forma mais restritiva ainda, as gorduras e os doces (estes, além de níveis elevados de açúcar, também apresentam altas taxas de gordura e escassez de nutrientes saudáveis).

Outro aspecto fundamental na boa alimentação dos pacientes deprimidos é a necessidade de ingestão de água em quantidades generosas – algo entre dois e três litros por dia. Muitos pacientes me perguntam: "Tem que ser água mesmo?", e respondo: "Sim!". E explico o porquê: nosso sangue é constituído de 90% de água e apenas 10% de células sanguíneas. Assim, se quisermos melhorar a circulação sanguínea do corpo e, especialmente, do cérebro, para que as medicações sejam bem absorvidas e distribuídas entre neurônios e posteriormente metabolizadas e eliminadas, temos que fazer o sangue rodar bem pelo organismo e chegar com pressão adequada aos rins, onde suas frações tóxicas são eliminadas com grande eficiência. Quanto mais água é consumida no início do tratamento da depressão, mais rapidamente aparecerão os efeitos benéficos das medicações e menos serão sentidos seus efeitos colaterais.

Se a ingestão de líquidos é feita por meio de sucos de caixinha ou refrigerantes, o efeito benéfico fica extremamente reduzido ou mesmo ausente. Os sucos de caixinha possuem níveis elevadíssimos de açúcar, o que prejudica em muito a recuperação dos quadros depressivos. Grandes quantidades de açúcar produzem instabilidades de humor e também "efeitos depressivos de rebote". Como se não bastasse, o excesso de açúcar pode produzir uma espécie de dependência cerebral, que faz com que o cérebro exija doses cada vez mais elevadas dessas substâncias para realizar o mínimo de suas atividades. Com o tempo, os efeitos depressivos do açúcar se tornam crônicos. Essa realidade, além de prejudicar a saúde do corpo como um todo, também aumenta muito as chances de os pacientes apresentarem outras patologias associadas, como diabetes, obesidade, hipertensão arterial etc. A presença dessas comorbidades clínicas torna o tratamento da depressão bem mais complexo e refratário, o que muitas vezes acarreta um quadro de cronificação da doença.

Os refrigerantes também apresentam altas taxas de açúcar em sua composição. Aí você me pergunta: "Mas e os refrigerantes e sucos diet, light ou zero?". Novamente minha resposta será frustrante: eles também devem ser evitados ao máximo, pois, para que os adoçantes fiquem em forma líquida em tais produtos, é preciso acrescentar altos teores de sódio, ou seja, sal. E, como sabemos, sal incha e deixa nosso corpo infiltrado de água. Assim, células e tecidos reterão água, e esta se tornará mais escassa no interior dos vasos sanguíneos, onde deveriam estar para produzir as funções sanguíneas de distribuição e filtragem dos medicamentos prescritos para a depressão. Sem falar nas bebidas gasosas, incluindo a água com gás, pois o gás contido nelas promove uma distensão no estômago que fica, na maior parte do tempo, como um balão de gás. O cérebro interpreta tal situação como vontade de comer, pois, para ele, um saco vazio (estômago) deve ser preenchido com comida. Isso faz com que a pessoa coma maior quantidade e mais bobagens sem nenhum valor nutricional. O excesso de gases no aparelho digestivo também cria bolhas de ar que tendem a dificultar a formação e o andamento do bolo fecal, resultando em prisão de ventre e inflamação das paredes intestinais. Essa situação ocasiona uma significativa redução da produção de serotonina intestinal. E, como já vimos, trata-se de uma substância essencial na recuperação dos pacientes deprimidos. A produção intestinal de serotonina é tão ou mais importante do que a que ocorre no cérebro. O médico Hélion Póvoa, hoje falecido, já alertava sobre o fato em seu livro *Intestino: o segundo cérebro*. Por tudo o que vimos até aqui, uma alimentação adequada e um intestino saudável constituem verdadeiros remédios naturais para a recuperação total dos pacientes com depressão.

É importante também destacar que as refeições devem ser feitas em pequenas quantidades e ingeridas de três em três horas, perfazendo um total de seis refeições diárias. Isso ajuda a manter as taxas de glicose equilibradas e o humor mais estável, além de contribuir para as taxas mais elevadas do metabolismo corpóreo, que passa a gastar mais calorias na execução das atividades diárias. A alimentação fracionada também facilita a formação e a eliminação do bolo fecal, pois acelera os movimentos peristálticos e contribui para um intestino mais regular e saudável.

No que se refere à ingestão de álcool, ela também deverá ser limitada. O álcool por si só é uma substância com forte efeito depressivo. Ainda devo destacar que as bebidas alcoólicas apresentam taxas elevadas de açúcar e, consequentemente, de calorias. O álcool apresenta ainda ação irritativa nas paredes do tubo digestivo, bem como efeito desidratante em todo o organismo. Dessa maneira, podemos perceber que, além de poder gerar um quadro depressivo, ele também pode desencadear uma piora e uma consequente cronificação da depressão.

No que tange à alimentação, o mais aconselhável a fazer é consultar um nutricionista funcional. Esse profissional estabelece cardápios individualizados que levam em consideração o tipo de depressão que o paciente apresenta, bem como a necessidade de alterações alimentares necessárias quando a depressão se apresenta em concomitância com outras doenças orgânicas, como diabetes, hipotireoidismo, hipertensão arterial, alergias ou intolerâncias alimentares.

Nos dias atuais, o número de pessoas com alergias e/ou intolerância alimentares tem crescido de forma expressiva – isso sem considerar nenhum tipo de modismo alimentar. O fato é facilmente compreensível, uma vez que a indústria de produtos alimentícios visa o máximo de lucro advindo de vendas expressivas de seus produtos. Para que esses alimentos se tornem palatáveis, são utilizados milhares de substâncias químicas sintéticas (nada naturais) que se destinam a dar sabor e aromas irresistíveis aos frágeis sentidos humanos (paladar e olfato). Tais produtos trazem consigo apelos sensoriais que se aliam a preços ainda mais atrativos. Eles apresentam, em sua constituição, níveis muito reduzidos de nutrientes e, ao mesmo tempo, são repletos de gordura trans, açúcar refinado, corantes tóxicos e cheiros para lá de sedutores. Todos esses apelos são turbinados por uma poderosa estratégia de marketing, resultando em vendas e lucros extraordinários que alimentam as tristes estatísticas humanas de sobrepeso, obesidade, diabetes, hipertensão arterial, alergias e intolerâncias alimentares nas mais diversas faixas etárias ao redor do mundo.

As alergias são mais facilmente detectáveis pelos estados agudos e de edema de glote que costumam produzir em determinadas pessoas. Já as intolerâncias são mais difíceis de ser detectadas, mas promovem uma inflamação crônica e constante no tubo digestivo, ocasionando distúrbios digestivos e quadros de baixa absorção das medicações prescritas para a depressão – impedindo, assim, que os resultados terapêuticos se apresentem no tempo esperado. Por isso, hoje, o teste sanguíneo para a detecção de anticorpos para mais de duzentos tipos de alimentos vem se tornando um exame complementar bastante útil na orientação específica e eficiente de cada paciente com transtorno depressivo.

Como vimos, podemos afirmar que uma alimentação saudável e com níveis mínimos de açúcar refinado, derivados alcoólicos e produtos alimentares industrializados pode contribuir de forma significativa para a saúde geral do paciente deprimido, bem como acelerar a sua recuperação e reduzir o número de recidivas a médio e longo prazos.

1.3. Sono reparador

Os adolescentes odeiam ouvir adultos falando sobre a importância do dormir bem para o organismo como um todo. Isso é compreensível, pois, nessa fase da vida, eles querem experimentar e ver tudo o que o mundo tem a oferecer, seja na forma real ou virtual do viver. Estão sempre tentando burlar a vigilância dos pais, que insistem na ideia de que devem repousar durante as desejáveis e necessárias oito horas diárias. Irritam-se quando seus pais os flagram em jogos ou conversas virtuais às duas ou três da madrugada, e garantem que quatro ou cinco horas de sono são mais que suficientes para seu organismo.

Infelizmente, sou obrigada a frustrar meus amados adolescentes e todas as pessoas que insistem em não considerar o papel terapêutico que uma boa noite de sono pode produzir em diversas doenças e, em especial, nos transtornos depressivos. O sono fornece energia para todo o organismo, revigora o físico e a mente, melhora a disposição para a prática de atividades físicas, aumenta a resistência a situações de estresse e fortalece o sistema imunológico, protegendo-nos de doenças virais ou bacterianas e ajudando na produção do GH (hormônio do crescimento), que faz com que crianças e adolescentes cresçam e adultos mantenham sua massa muscular e óssea.

Por tudo isso, restabelecer um sono em quantidades adequadas (sete a oito horas por noite) e de qualidade (com as fases REM e de sono profundo presentes, sem apneias obstrutivas ou movimentos bruscos com vários despertares) é fundamental para a recuperação da depressão e para prevenir possíveis recaídas.

Algumas dicas simples poderão ajudar muito na recuperação de um padrão salutar de sono, bem como em sua posterior manutenção:

- Procure ir dormir sempre no mesmo horário
- Antes de deitar, tome um banho morno e reduza ao máximo as luzes de seu quarto
- Tente relaxar a mente e o corpo ao deitar, com exercícios específicos de relaxamento; se tiver dificuldade em fazê-lo, treine com seu terapeuta
- Não fique na cama depois de sete ou oito horas de sono. Nunca ultrapasse nove ou dez horas na cama, pois o excesso de sono também contribui para a manutenção de alguns sintomas depressivos

- Evite levar problemas para a cama; além de não os resolver, a falta de sono deixará seu cérebro ainda menos apto para encontrar boas soluções
- Evite tomar líquido antes de dormir – café após as 16h e álcool à noite (ele induz ao sono, mas o torna superficial e pouco reparador)
- Evite nicotina à noite, pois, além de predispor à apneia obstrutiva noturna, ela tende a deixar o cérebro em estado de alerta, assim como qualquer bebida à base de cafeína
- Mantenha atividades físicas pela manhã ou no final da tarde: elas ajudam a regular o sono. Evite-as nas cinco horas que antecedem o sono, pois podem deixá-lo em estado de agitação
- Se você tem dúvidas sobre a quantidade e a qualidade de seu sono e não possui alguém que possa informá-lo sobre o assunto, peça ao seu psiquiatra ou clínico geral que solicite uma polissonografia noturna. Esse exame poderá fornecer informações importantes para o tratamento de sua depressão, além de orientar, de forma individualizada, as melhores medidas para você realizar a sua higiene do sono (melhor horário para deitar, luminosidade do quarto, evitar certos tipos de filme ou leituras na cama etc.), além de verificar o estado de oxigenação do seu cérebro durante a noite e identificar a presença ou não de apneia noturna e/ou a necessidade de uso do CPAP (um aparelho usado em forma de máscara que garante uma oxigenação perfeita durante todo o seu sono). Em casos leves ou moderados de apneia, aparelhos dentários específicos para evitar que a língua em estado de relaxamento obstrua a entrada de ar da traqueia podem surtir resultados bastante satisfatórios. Um dentista com bastante prática nesses casos poderá providenciar a moldagem e o preparo desses aparelhos ou placas dentárias

2. Aspectos relacionados à mente

Quando nos referimos ao nosso funcionamento mental, estamos basicamente nos referindo à maneira pela qual nos relacionamos com as pessoas, com nosso trabalho, com nossos desafios, problemas, frustrações, perdas afetivas, erros pessoais, amores, desamores, enfim, com as emoções e os sentimentos que tudo isso nos desperta e a maneira como agimos perante tudo isso. É claro que uma boa psicoterapia, especialmente de linha cognitivo-comportamental, ajuda muito a pessoa com depressão a identificar as situações do dia a dia ou mesmo de sua história passada que prejudicam sua recuperação e, principalmente, a manutenção de sua saúde mental. Na terapia, você aprenderá a identificar situações e pessoas que acionam emoções desgastantes e improdutivas, como a raiva, a fúria ou o estresse agudo ou crônico, e desenvolverá novas formas de pensar e de agir diante do que lhe desperta fragilidade, medo e insegurança, aprendendo a achar uma saída sem se desesperar ou sofrer em demasia. Muitas vezes, a raiva e o estresse são provocados por fatores externos: no trabalho, por conflitos familiares ou conjugais, mas também podem ser despertados por fatores internos (pensamentos) relacionados a uma maneira inflexível e perfeccionista de lidar com expectativas ilusórias ou inalcançáveis.

A psicoterapia também ajuda o paciente na construção de um modo mais otimista de ver e viver a vida, o que deverá ser aceito como um instrumento transformador e praticado com boa vontade e determinação.

Todas essas considerações sobre uma nova forma de pensar e agir ante as adversidades e frustrações da vida encontram-se mais detalhadas no capítulo 10, "Tratamento dos transtornos depressivos: uma história recente e com um futuro promissor".

3. Aspectos relacionados à questão espiritual

Antes de qualquer consideração sobre a relação entre depressão clínica e espiritualidade, eu gostaria de deixar claro que, ao me referir à espiritualidade neste momento, não estou me referindo a uma determinada religião, com suas respectivas crenças e rituais. Digo isso porque percebo que a maioria das pessoas tende a confundir espiritualidade com religião.

Na minha visão, e é a ela que estarei me referindo aqui, a espiritualidade é algo bem maior que o simples exercício de uma religião. A espiritualidade é a terceira daquilo que chamo de dimensões humanas – considero o corpo a primeira dimensão e a mente a segunda, dentro da vida humana como a conhecemos.

A espiritualidade está relacionada à nossa alma, ou espírito, que constitui a parte não material de nossa existência. É ela que guarda nossa mais pura e sincera essência e onde habitam os verdadeiros significados, valores e propósitos de nossa vida. A conexão espiritual de cada um de nós não pode ser visualizada, mas pode ser sentida quando experimentamos a denominada paz de espírito. Ela pode ser sentida de diversas formas e, em geral, apresenta um caráter subjetivo e compatível com a individualidade de cada um. No entanto, a paz de espírito sempre nos remete a sensações muito boas de tranquilidade, amparo e amor.

É importante destacar que o amor a que me refiro aqui não é o sentimento direcionado a um alguém específico, nos moldes propagados e conhecidos do amor romântico. Este, em nossa sociedade, é marcado pela dependência afetiva e pela necessidade do outro para que a sensação de felicidade se estabeleça e seja plena. O amor vivenciado no estado de paz de espírito pode abranger duas dimensões: interna e externa. O amor espiritual interno é sentido quando, em nosso silêncio interior, somos amparados pelo próprio amor que habita em nós. Esse amor é fruto de nossa própria essência em estabelecer conexões amorosas com pessoas ao nosso redor e abrange o somatório de todos os afetos vividos – incluindo aqueles que já não estão entre nós, como o amor de uma pessoa querida já falecida ou de uma paixão findada. Como seres humanos, temos grandes dificuldades em lidar com amores invisíveis; no entanto, nenhum amor de verdade deixa de existir, mesmo que não possamos mais tê-lo por perto. O amor é energia em forma de sentimento; logo, sua essência nunca será apenas vivenciada no território limitado dos sentidos do corpo humano (visão, olfato, audição, tato ou paladar). O amor interno pode nos trazer paz de espírito quando somos capazes de reviver os sentimentos recebidos e doados em relações de verdadeiros afetos. Esse reviver do amor supre nossa essência com doçura, aconchego e amparo, habilitando-nos para transcendermos o medo e a insegurança e nos tornarmos pais amorosos de nós mesmos.

Já o amor espiritual externo abrange uma dimensão mais ampla. Para vivê-lo, o amor espiritual interno já deve ser parte do seu viver, pois ele requer o desprendimento e o desapego da percepção individualizada do ego perante o mundo e o universo. O amor espiritual externo é um fenômeno quântico e, como tal, está presente em todos os seres e em tudo o que existe no universo. Experimentá-lo significa vivenciar essa situação com tranquilidade de pertencimento pleno e infinitude absoluta.

A religião pode ser considerada um dos modos de expressar as crenças espirituais de uma pessoa, mas certamente não é o único. Uma parcela significativa da população mundial se utiliza de um conjunto de crenças ou formas de adoração para exercer a sua espiritualidade. E isso não deve ser visto de maneira preconceituosa ou intolerante, pois muitas dessas pessoas conseguem, por meio dessa prática, atingir a paz de espírito interna e, consequentemente, propagar o amor, o respeito, a generosidade e a tolerância com seus semelhantes. Desse modo, estão exercendo e desenvolvendo a já mencionada por mim terceira dimensão da existência humana. Para outras pessoas, a espiritualidade pode ser vivenciada de outros modos, como no contato sincrônico com a natureza, no cuidado amoroso para com pessoas doentes e necessitadas, no pleno exercício de atividades artísticas, na propagação do conhecimento, no combate às injustiças, no recolhimento de suas orações etc.

Se analisarmos a importância da espiritualidade na recuperação dos pacientes deprimidos, temos que considerar a visão preponderante deles sobre a vida. Eles a veem como uma caminhada perigosa, imprevisível e sobre a qual não podem exercer o controle necessário para se sentirem amparados e protegidos. A vida sob as lentes da depressão é uma caminhada longa e desanimadora, tal qual um beduíno solitário e desesperançoso que atravessa o deserto sem nenhuma perspectiva de um novo amanhecer.

Nesse cenário de desesperança, o desenvolvimento da espiritualidade pode se apresentar como uma eficaz e transcendente ferramenta capaz de dar força e sustentáculo no árduo processo de recuperação dos pacientes com depressão.

No período compreendido entre 2005 e 2015, 95% dos pacientes com quadros de depressão moderadas e graves tratados em minha clínica apresentaram remissão completa dos sintomas depressivos quando, além de seguir o tratamento terapêutico convencional, incluíram em sua rotina práticas espirituais. Essas práticas devem ser condizentes com a vontade e o sistema de crenças de cada paciente. Já os pacientes que não incluíram em sua rotina algum tipo de prática espiritual, mesmo tendo seguido os tratamentos médicos tradicionais, só obtiveram resultados plenos na recuperação de seus sintomas depressivos em 83% dos casos. Além disso, eles apresentaram índices de recidivas duas vezes mais elevados do que os pacientes com a presença da complementação espiritual.

Atendi Renato pela primeira vez em 1990, quando ele tinha 76 anos. Ele relatava intensa preocupação com o estado de saúde de seu filho mais novo, chamado Victor. Renato era um homem de uma doçura ímpar e possuía também a tranquilidade típica dos sábios, e foi dessa forma que descreveu o atual comportamento de seu caçula. Sentia que ele estava se afastando de tudo e todos e que planejava uma forma indolor de pôr fim à vida. Eu me espantei com a lucidez e a organização de seus pensamentos, além de seu conhecimento sobre o assunto depressão. Um pouco mais adiante em nossa conversa, ele relatou que já tivera episódios depressivos graves e fazia acompanhamento médico com antidepressivos havia muitos anos: "Doutora, eu já atravessei o deserto por muitas noites e dias, sei do que falo; ajude meu filho, por favor". Eu lhe pedi que ficasse tranquilo e disse que atenderia seu filho no primeiro horário do dia seguinte. No final da consulta, que durou mais de duas horas em um clima de agradável e instrutiva conversa, não me contive e perguntei como ele havia se tornado um homem tão positivo e sonhador e construído um império financeiro sólido sendo de origem humilde, tendo perdido o pai muito novo e sem ter tido ajuda de parentes. Ele me olhou fixamente, seus grandes olhos azuis se umedeceram, e me disse: "Doutora, quando se vê um pai enforcado no quarto e uma carta alegando problemas financeiros insolúveis, a gente foge de casa em busca do tal dinheiro de forma obsessiva e compulsiva. Muitos anos depois, a gente descobre que o dinheiro é importante de fato, mas não suficiente para viver por ele ou se matar pela ausência dele. No meu caso, a depressão veio por eu perceber que, por mais dinheiro que ganhasse, um vazio continuava impossível de preencher, e por vários momentos pensei seriamente em dar fim à minha existência. Não o fiz em consideração à minha esposa e, principalmente, pelo amor que tinha e tenho pelos meus três filhos. Eu não suportava a ideia de vê-los vivenciar a mesma dor que senti ao ver meu pai morto vítima de seu próprio desespero. Foi então que desisti de morrer e resolvi buscar auxílio médico para sair daquela sombria situação. Após a recuperação da depressão aguda, percebi que algo mais seria necessário para que eu não caísse em novos abismos depressivos. E naquele momento resolvi buscar, além da ajuda médica, o desenvolvimento da minha espiritualidade, que, no meu caso, iniciou-se com a prática dos ensinamentos logosóficos e no exercício da gentileza diária com quem cruzasse o meu caminho. Depois disso, às vezes sinto até um pouco de tristeza, mas algo bem distante da depressão, e aproveito os momentos tristes para investir em momentos felizes com a família (viagens), amigos (almoço e jantares), e para promover comemorações coletivas em aniversários e datas festivas com meus funcionários. Assim tenho tocado a vida; sou grato a ela por tudo o que me ofertou e, em troca, retribuo sendo gentil com as pessoas". Quando a consulta terminou, ambos estávamos felizes de fato, mas, antes que ele saísse pela porta do consultório, ainda disse: "Amanhã, tenha paciência com meu filho; ele ainda é novo e não sabe que todos nós precisamos de ajuda, mas vai perceber, com seus ensinamentos, que cuidar só do corpo e ganhar dinheiro nunca será sinônimo de felicidade. Quando ele estiver melhor, e sei que isso ocorrerá em breve sob seus cuidados, abra a cabeça dele para os cuidados que devemos ter e as transformações que devemos fazer na forma de pensar e agir, e principalmente para encontrarmos o propósito da vida e a nossa paz de espírito". Ele deixou em minha mão um bombom e uma estrela de davi e seguiu pelo corredor na direção do elevador.

Naquela noite, muitas teorias que eu havia estudado sobre os transtornos depressivos se transformaram em aprendizado "vivo", guiado pelas palavras sinceras e amorosas de Renato. Hoje, o amor do meu amigo Renato não é mais visível; no entanto, seus ensinamentos me acompanham sempre, trazendo-me boas sensações de amparo e muita paz de espírito. Em relação ao Victor, foi outro grande presente que o sábio senhor me deixou. Victor se transformou em um homem que soube se reinventar, buscar sua felicidade e de um jeito bem Renato de exercer sua espiritualidade, ajudando com palavras, gestos e ações doces e gentis muitas pessoas que cruzam a sua vida.

Encerro este capítulo de certa forma ratificando o avanço positivo que vem ocorrendo na abordagem terapêutica dos quadros depressivos. Hoje não pensamos mais na velha questão excludente: medicamento ou terapia espiritualidade ou remédio e terapia, atividade física ou terapia e assim sucessivamente. O desafio imposto pelos índices alarmantes dos mais diversos tipos de depressão em qualquer faixa etária e classe social trouxe uma união entre as várias áreas do conhecimento humano. Essa postura de humildade entre os diversos profissionais que lidam diretamente com a depressão e dos próprios pacientes que sofrem com ela demonstra, antes de tudo, a coragem de buscar ajuda de onde quer que ela possa vir. Isso é reconhecer que somos bem mais que um corpo ou matéria. E, se quisermos cumprir de fato o propósito de nossa vida, teremos que aprender a dar conta das nossas três dimensões: corpo, mente e espírito. Acredito que essa será a nova e definitiva revolução na abordagem terapêutica das doenças depressivas e de tantas outras que acometem nossa condição humana. Espero, de coração, que minhas previsões se revelem uma amorosa realidade num futuro bem próximo.

O tratamento dos pacientes com depressão consiste em auxiliá-los na longa caminhada rumo a uma vida mais luminosa, na qual os sintomas dolorosos e os dias sombrios se transformam em lembranças distantes.

10
TRATAMENTO DOS TRANSTORNOS DEPRESSIVOS:
uma história recente e com
um futuro promissor

Nos nossos dias, qualquer pessoa tem noção do que seja um quadro depressivo: o assunto é motivo de conversas entre amigos, reportagens em revistas, blogs da internet e programas de TV. O acesso à informação do mundo globalizado contribuiu muito para essa realidade. É claro, o excesso de notícias sobre a depressão também produz uma série de falácias sobre suas causas e, principalmente, sobre possibilidades de curas milagrosas que costumam ser anunciadas na forma de produtos, atividades ou terapias "da moda". O mais interessante nesse aspecto é observar que qualquer coisa que prometa de forma única resultados extraordinários e rápidos deve ser evitada.

Como vimos ao longo de todo este livro, a depressão é uma doença complexa e desafiadora para seus portadores e também para toda a equipe de saúde que tenta auxiliar os deprimidos na longa caminhada rumo a uma vida mais luminosa, na qual os sintomas dolorosos e os dias sombrios se transformem em lembranças distantes.

A capacidade humana de suportar, aprender e transcender aos sofrimentos é bem maior do que podemos imaginar. Os homens primitivos descobriram isso bem cedo. E é por conta da resiliência deles que estamos aqui hoje para contar essa história que poderia ser intitulada "A odisseia humana na Terra". No mundo atual, fica difícil para a maioria de nós imaginar a vida sem os confortos que a revolução tecnológica nos trouxe.

Mas a vida como conhecemos hoje, repleta de facilidades, é algo muito recente no cotidiano do *Homo sapiens*, entre elas automóveis, telefones, celulares, computadores, internet, elevadores, controles remotos etc. Às vezes fico me perguntando se o excesso de tecnologia e suas facilidades não estão nos conduzindo a verdadeiras "zonas de conforto" existenciais. O grande problema delas é que de fato é muito bom estar nelas, no entanto, se ali permanecermos, nada desafiador será enfrentado ou transcendido. E dessa forma deixamos de desenvolver nossa habilidade de resistir às adversidades, mais ainda de transformar nossas dores e dificuldades em aprendizados que possam nos conduzir a uma forma de ver e viver a vida mais leve, criativa e empática.

Quando penso na depressão e seus tratamentos, observo que sua história guarda semelhança com a própria trajetória percorrida pela humanidade nos últimos dois séculos. Até a primeira metade do século XIX, não se falava em diagnóstico nem em tratamento para quadros clínicos que hoje definimos como transtornos depressivos. Nessa época, as pessoas com sintomas típicos de depressão eram submetidas a tratamentos empíricos que muitas vezes só contribuíam para o agravamento de seu estado de saúde. Em casos mais graves, os pacientes eram internados em hospícios onde permaneciam por longos períodos, meses ou anos, até morrerem ou apresentarem melhora parcial. Nesses casos, eram reconduzidos aos cuidados de seus familiares.

A partir da segunda metade do século XIX e do início do século XX, a depressão passou a ser mais estudada, e surgiram as primeiras classificações que passaram a incluir em seu diagnóstico sintomas psíquicos e físicos. Essa nova postura científica ante a depressão foi fundamental para distinguir os casos de depressão clássica dos quadros de bipolaridade, antes conhecidos como psicose maníaco-depressiva. Essas distinções foram essenciais para o desenvolvimento de tratamentos específicos, dada a diversidade de seus quadros clínicos e de suas respostas terapêuticas.

Como vimos, a depressão é uma doença bastante comum em nossa realidade, no entanto o seu quadro clínico pode apresentar uma série de variações. Isso acontece pela própria complexidade da doença. Diversos fatores podem estar presentes, em geral de forma interligada, no desencadear e no desenvolvimento dessa patologia: fatores genéticos, bioquímicos, psicológicos e ambientais. Para que um tratamento tenha chance de ser realmente eficaz, todos esses fatores devem ser considerados e, dentro do possível, incluídos no plano terapêutico de cada paciente.

Tentarei estabelecer de forma didática e resumida a complexa engrenagem que significa oferecer o melhor tratamento possível para cada paciente deprimido.

Primeira abordagem

É essencial que, no primeiro contato com o médico psiquiatra, o paciente deprimido sinta-se acolhido e à vontade para discorrer, da forma que lhe for possível, sobre toda a sua bagagem de dor e sofrimento. Essa conversa inicial é fundamental para que um bom vínculo entre paciente e médico seja estabelecido, pois somente assim o tratamento proposto será seguido de maneira adequada e os resultados poderão ser mais eficazes.

Algumas informações são fundamentais para o diagnóstico preciso e a estruturação de um plano terapêutico individualizado. Devem ser colhidas diretamente com o paciente (isso vai depender de seu estado de gravidade) e/ou com seus familiares, companheiros, amigos ou cuidadores. Dentre essas informações, destaco:

- Idade, grau de escolaridade, profissão
- Grau de compreensão do seu processo de adoecimento
- Características marcantes de sua personalidade, por exemplo, ansioso, inquieto, perfeccionista etc.
- Presença de doenças clínicas, uso de medicamentos, uso de drogas lícitas e ilícitas
- Hábitos alimentares
- Funcionamento intestinal
- Atividades físicas e/ou hobbies
- Prática religiosa e/ou espiritual
- Perfil de seus relacionamentos interpessoais (família, amigos, parceiros, filhos, no trabalho etc.)
- Presença de doenças físicas e mentais ou na família
- Grau de disfuncionalidade atual nos diversos setores da vida: família, trabalho, social e afetivo
- Sintomas que mais o incomodam, de preferência em ordem hierárquica: dos que mais lhe causam sofrimento até os que representam desconfortos suportáveis
- Período de tempo em que os sintomas começaram e quando se intensificaram

Uma abordagem inicial bem-feita nos conduz a hipóteses diagnósticas que poderão ser ratificadas com exames complementares que visam excluir algumas doenças e também nos indicar peculiaridades do funcionamento cerebral e físico do paciente.

Tratamento clássico da depressão

A tríade básica do tratamento dos transtornos depressivos é: a terapêutica medicamentosa, a psicoterapia e outras terapias biomédicas.

Terapêutica medicamentosa

O tratamento medicamentoso tem como objetivo tratar a depressão, aliviar seus sintomas, bem como prevenir futuras recaídas. Os principais fármacos utilizados para esses fins são as substâncias denominadas antidepressivos, que devem ter prescrição e acompanhamento médico regular.

No início da década de 1990, esses medicamentos chegaram a ser popularmente promovidos como "pílulas da felicidade" e detentores do poder da "cura" da depressão. Hoje sabemos que os antidepressivos estão longe de curar esse transtorno. No entanto, é inegável a ajuda que eles fornecem aos pacientes deprimidos no manejo e no controle dessa doença.

É importante também destacar o efeito relevante que essas medicações apresentam em reduzir e/ou eliminar sintomas depressivos como: insônia, alteração do apetite, ansiedade, inquietação, redução da vontade e falta de energia física (hipobulia).

Além dos antidepressivos, o tratamento das depressões pode incluir substâncias denominadas estabilizadores de humor (especialmente no transtorno bipolar), ansiolíticos, estimulantes e antipsicóticos.

- **Antidepressivos**

Os medicamentos antidepressivos podem ser divididos em categorias distintas de acordo com os seus mecanismos de ação na bioquímica cerebral. Os mais receitados atualmente pertencem à categoria conhecida como Inibidores Seletivos da Receptação da Serotonina (ISRS). Entre esses, destaco: fluoxetina, sertralina, paroxetina, escitalopram, citalopram e fluvoxamina.

Mais recentemente, contamos com ação medicamentosa dos denominados novos antidepressivos de "ação dupla". Essas substâncias foram assim denominadas por atuarem no metabolismo tanto da serotonina quanto da noradrenalina e por isso receberam a denominação de Inibidores Seletivos da Receptação da Serotonina e da Noradrenalina (ISRSN). Entre eles, podemos citar: venlafaxina, duloxetina e desvenlafaxina. Em relação a desvenlafaxina, tenho observado que sua ação antidepressiva e ansiolítica potencializa a ação dos ISRS tanto no tratamento das depressões mais resistentes quanto nos quadros onde ocorre associação com o transtorno obsessivo compulsivo (TOC). O fato de ela não promover alterações na libido e nas funções sexuais torna seu uso mais propício, especialmente para o sexo masculino. Quanto à duloxetina, destaco seu efeito terapêutico como antidepressivo de escolha em mulheres com histórico prévio ou em tratamento de câncer de mama, uma vez que ela não interage nos níveis de estrogênio do organismo. Também se mostra uma opção terapêutica interessante nos casos de depressão com sintomas álgicos ou que apresentem dor crônica como quadro clínico associado.

Outras categorias de antidepressivos

Neste grupo, incluo os seguintes antidepressivos: a bupropriona, a mirtazapina, a trazodona e a agomelatina.

A ação antidepressiva da bupropiona está relacionada especialmente ao aumento dos níveis cerebrais de noradrenalina e dopamina. Sendo assim, seus efeitos mais relevantes destinam-

-se aos quadros de depressão onde há intensa baixa energética e redução das funções cognitivas como atenção e concentração. Por esse motivo, também costuma ser utilizada nos transtornos depressivos associados ao Transtorno de Déficit de Atenção e Hiperatividade (TDAH) e a compulsões em geral (alimentares, tabaco, compras, jogos etc.). Deve ser prescrita com bastante cautela, pois em alguns pacientes portadores de níveis elevados de ansiedade pode provocar agudização dos sintomas ansiosos. Quanto à agomelatina, vale destacar que se trata de um antidepressivo que tem como mecanismo de ação a elevação dos níveis da melatonina. Dessa forma, pode ser útil para tratar a insônia em pacientes que não apresentam melhora na regularização do sono com o uso dos ISRS ou dos ISRSN.

Tricíclicos e Inibidores da Monoaminoxidase (IMAOs)

Essas substâncias correspondem à geração mais antiga de antidepressivos. Seu uso no tratamento da depressão se torna cada vez menos frequente em função de seus efeitos colaterais poderem ser graves, colocando em risco a vida dos pacientes que as utilizam.

- **Estimulantes**

Lisdexanfetamina e metilfenidato: essas substâncias atuam de forma rápida e intensa na elevação dos níveis de dopamina. Nos Estados Unidos, segundo Stahl, esses medicamentos vêm sendo utilizados em transtornos depressivos onde ocorre o predomínio de sintomas físicos como falta de energia e cansaço.[1]

---

1. S. M. Stahl. *Psicofarmacologia: depressão e transtornos bipolares.*

No entanto, cabe destacar que tal uso só pode ser feito com acompanhamento médico rigoroso em face dos efeitos colaterais relacionados a problemas cardiovasculares que elas podem produzir, bem como o aumento de sintomas ansiosos, compulsivos, irritabilidade e insônia.

- ### Estabilizadores de Humor

Entre as substâncias desse grupo, destacamos o carbonato de lítio, o ácido valproico, a lamotrigina e o topiramato. O carbonato de lítio apresenta excelente ação estabilizadora de humor, além de apresentar ação antidepressiva associada. Sua indicação mais precisa destina-se aos pacientes deprimidos que apresentam transtorno bipolar de humor. Devo ressaltar que, apesar de reconhecer a eficácia inquestionável dessa substância, seu uso torna-se limitado devido à necessidade de dosagem sanguínea do mesmo para que se evite um quadro de intoxicação que pode colocar em risco a vida dos pacientes, especialmente dos portadores de doenças renais. O lítio pode causar, ainda, quadros de hipotireoidismo, que também requerem acompanhamento regular.

- ### Medicações com ação ansiolítica

Como visto no capítulo 8, "A depressão e suas associações", os transtornos depressivos e ansiosos costumam ocorrer de forma concomitante. Por isso, a associação de antidepressivos com substâncias ansiolíticas é frequente, especialmente no início do tratamento dos pacientes depressivos. As mais conhecidas e utilizadas são: clonazepam, alprazolam, bromazepam, lorazepam e diazepam. Apesar de terem bons efeitos ansiolíticos, o uso crônico e abusivo dessas substâncias pode agravar a depressão como também causar dependência química.

Em minha prática médica, costumo utilizar substâncias ansiolíticas que não apresentem o risco de dependência. Entre essas, destaco a buspirona, a gabapentina, a pregabalina e a quetiapina. Com exceção da buspirona, todas as demais substâncias devem ser utilizadas em doses baixas para que possamos observar um efeito ansiolítico sem efeitos sedativos. Vale salientar que a pregabalina e a gabapentina mostram eficácia específica em quadros depressivos associados à fibromialgia, a dores psicossomáticas ou ainda à dor neuropática.

- **Antipsicóticos**

A utilização dessas substâncias se faz necessária nos casos de depressão psicótica, euforia delirante (mania), depressão associada aos transtornos de personalidade (*borderline*) ou, ainda, em quadros depressivos com altos níveis de irritabilidade, agressividade ou impulsividade.

Os antipsicóticos que mais utilizo nos casos de depressão grave e com os quais observo melhora do quadro de forma eficaz e rápida são: paliperidona, risperidona, olanzapina, aripiprazol e asenapina.

A utilização dos antipsicóticos nos tratamentos da depressão deve se restringir aos períodos de maior gravidade da doença, pois, entre seus efeitos colaterais, encontramos elevação das taxas de colesterol, triglicerídeos e glicemia.

Psicoterapia

Foi-se o tempo em que o tratamento da depressão era motivo de discussões intermináveis entre psicólogos e psiquiatras sobre qual era de fato a ferramenta terapêutica mais eficaz para a sua "cura". Hoje sabemos que a depressão não pode ser curada com medicações mágicas nem com terapias reveladoras de traumas infantis ou mesmo intrauterinos e, por isso, requer cuidados diversos.

Não se trata mais disso ou daquilo, ou seja, psicoterapia ou medicação. O que observo de forma clara e objetiva é que as duas condutas associadas oferecem mais chances aos pacientes de obter sucesso na redução ou mesmo na eliminação dos sintomas depressivos agudos, bem como nas taxas de recorrência dos episódios de depressão.

Existem muitos tipos de psicoterapia; no entanto, na minha experiência clínica, observo que a terapia de linha cognitivo--comportamental se mostra particularmente eficaz no tratamento da doença depressiva.

Para que o efeito terapêutico dessa abordagem psicoterapêutica fique mais claro, explicarei de forma sucinta como ela funciona: a palavra *cognitivo* diz respeito à maneira pela qual percebemos e raciocinamos o nosso universo interior e o mundo ao nosso redor. Dessa forma, a abordagem cognitiva visa melhorar a autoimagem, bem como a visão do mundo das pessoas que se dispõem à prática dessa técnica. O deprimido se vê como um fracasso ou como uma pessoa má e, por isso mesmo, merecedora de todo o sofrimento que vivencia. Supõe ainda ser incapaz de melhorar ou de enfrentar os desafios que a vida lhe impõe.

Dentro dessa visão, o terapeuta ajuda o paciente depressivo a identificar seus pensamentos negativos, bem como verificar sua legitimidade. A partir dessa situação, o terapeuta ensina o paciente a questionar seus pensamentos interrompendo o ciclo automático de negatividade que retroalimenta a depressão.

Já o termo *comportamental* refere-se à maneira como uma pessoa se comporta diante das solicitações do cotidiano. Na abordagem comportamental, o terapeuta ensina o paciente deprimido como deve agir para evitar as ações que alimentam seus pensamentos e suas emoções negativos sobre si mesmo e as demais pessoas.

Se lembrarmos que o cérebro é capaz de se "refazer" quando novas formas de pensar e agir são recorrentemente praticadas, vamos entender de maneira cristalina que a terapia cognitivo-comportamental funciona como uma "ginástica cerebral" que torna o cérebro mais "forte" e apto ao enfrentamento das situações geradoras de estresse, medo e ansiedade.

As medicações na fase mais crítica são essenciais para a redução dos sintomas agudos da depressão; no entanto, a psicoterapia cognitivo-comportamental mostra eficácia inquestionável ao desenvolver habilidades específicas que não só minimizam a depressão como diminuem as chances de recaídas futuras nos pacientes que seguem com afinco suas técnicas.

Para finalizar, podemos afirmar que, quando o assunto é depressão, não existe "ou isso ou aquilo", pois o ditado a "união faz a força" se encaixa perfeitamente na associação que deve existir entre terapêutica psicoterápica e medicamentosa. Afinal, o objetivo não é terapeuta ou médico terem razão, e sim o paciente superar sua depressão e se tornar apto para manejá-la e evitá-la no seu dia a dia.

Outras terapias biomédicas

- ### Estimulação Magnética Transcraniana (EMTr)

É uma técnica segura e moderna, onde se aplicam pulsos eletromagnéticos repetidos em uma região específica da cabeça, por meio de uma bobina, com o intuito de estimular a liberação de neurotransmissores e restabelecer conexões cerebrais através da neuroplasticidade cerebral (capacidade de remodelamento cerebral) por ela induzida. É um procedimento não invasivo, aplicado em consultório, sem anestesia e sem dor. É indicado em casos nos quais pacientes não respondem adequadamente ao tratamento convencional ou não toleram os efeitos indesejáveis das medicações ou, ainda, quando há urgência de melhora. Auxilia e complementa o tratamento de diversos transtornos e doenças, seja potencializando a medicação ou acelerando a melhora do paciente. A técnica é aprovada pelo Conselho Federal de Medicina desde 2012 para o tratamento de depressão.[2]

Em nossa experiência, temos obtido ótimos resultados no tratamento da depressão, pois, além de potencializar os efeitos dos antidepressivos, é bem tolerada e promove melhora rápida e expressiva nos seguintes sintomas: cansaço físico e mental, ansiedade, irritabilidade, humor depressivo e pensamentos negativos.[3] Hoje, considero a EMTr uma boa ferramenta terapêutica que merece ser ponderada diante de casos onde foram esgotados os recursos convencionais.

- Eletroconvulsoterapia (ECT)

A ECT, também conhecida como "eletrochoque", tem eficácia inquestionável para depressão, porém existem algumas características dessa técnica que nos fazem deixá-la como última das alternativas terapêuticas. O paciente deve se submeter a pelo

---

2. Resolução CFM n. 1.986/2012. Publicada no D.O.U. de 2 de maio de 2012, Seção I, p. 88; e Resolução CFM n. 2.057/2013. Publicada no D.O.U. de 12 de novembro de 2013, Seção I, pp. 165-71.
3. Ana Beatriz B. Silva e Lya Ximenez. "EMTr – Estimulação magnética transcraniana repetitiva".

menos dez sessões para que a eficácia do método seja avaliada.[4] A cada sessão, ele necessita ser anestesiado e monitorado por uma equipe constituída de médico clínico, anestesista e enfermeiro. Além disso, o custo é elevado, e como consequência dessa técnica observamos falhas mnêmicas importantes que na maioria dos casos se mostra reversível. No entanto, apesar de transitória, a falha de memória produz sintomas de ansiedade e angústia, além de comprometer a independência do paciente e o retorno às suas atividades.

Grupos de apoio psicoeducacionais

- **Centro de Valorização da Vida (CVV)**
O CVV é uma organização sem fins lucrativos que oferece apoio psicológico por telefone, on-line e ao vivo em seus postos de atendimento, com o objetivo de dar apoio psicológico e consequentemente prevenir suicídios, através da escuta atentiva e amorosa por voluntários que passam por uma seleção e treinamento rigoroso de três meses. Existem setenta postos de atendimento por todo o país, recebendo quase 1 milhão de ligações por ano. Esse trabalho existe há cinquenta anos no Brasil e surgiu originalmente de atividade análoga feita na Inglaterra pelos samaritanos de Londres. O CVV não é ligado a grupos religiosos ou políticos.

Telefone de contato: 141
Site: <www.cvv.org.br>

---

4. Resolução CFM n. 2.057/2013. Publicada no D.O.U. de 12 de novembro de 2013, Seção I, pp. 165-71. Cf. também: <http://diretrizes.amb.org.br/>.

- **Neuróticos Anônimos (N/A)**

Grupo de apoio que surgiu da ideia dos Alcoólatras Anônimos (AA). Possui reuniões semanais em diversos bairros de várias cidades, onde as pessoas compartilham experiências e dão apoio aos seus participantes. O objetivo é dar suporte psicológico, com base nos doze passos dos neuróticos anônimos, às pessoas com transtornos psiquiátricos, desde depressão a esquizofrenia, transtorno afetivo bipolar etc.

Site: <www.neuroticosanonimos.org.br>

- **Abrata (Associação Brasileira de Familiares, Amigos e Portadores de Transtornos Afetivos)**

A Abrata surgiu de uma iniciativa de profissionais da USP e de seus portadores, familiares e amigos. Tem como objetivos principais: educar familiares, portadores, profissionais e todos os interessados; promover amparo, proteção e estímulo aos pacientes e seus familiares e conscientização em geral sobre os transtornos a todos os interessados.

Site: <www.abrata.org.br>

- **GABrio – Grupo Afetivo Bipolar Rio (Grupo de apoio a familiares e portadores de transtorno bipolar)**

Grupo de apoio organizado pela dra. Evelyn Vinocur com o objetivo de dar apoio psicológico e instruir familiares e portadores de depressão e transtorno afetivo bipolar e seus espectros.

Telefone: (21) 3228-5798

Futuras perspectivas

Apesar de um leque cada vez maior de recursos terapêuticos, a depressão continua afligindo nossa sociedade e desafiando a ciência. Ainda temos um longo caminho para realmente entender com mais detalhes seus mecanismos físicos e mentais. Por ora, entramos em uma nova era da psiquiatria, na qual a neuromodulação terapêutica abre novas opções de tratamento, tendo a EMTr superficial como mais novo exemplo dessa opção. Ainda em estudo, temos a estimulação transcraniana e profunda, além de estimulação profunda por microchip (DBS – Deep Brain Stimulation), a Estimulação Transcraniana por Corrente Contínua (ETCC), a EMTr por frequência teta, entre outros. Assim, como podemos observar, temos um vasto arsenal sendo testado, além de pesquisas com alimentação, exercícios, meditação, sistema imunológico e genética.

Muitos médicos e profissionais da saúde já atentaram e atentarão para os efeitos benéficos da espiritualidade/religiosidade dos pacientes ante os seus quadros de adoecimento físico e psíquico.

11
DEPRESSÃO E ESPIRITUALIDADE

Relutei muito em escrever este capítulo. Não por minhas convicções vitais, mas pelo mal-entendido que ele poderia causar entre muitas pessoas que não diferenciam religião de espiritualidade. Por isso, deixo claro desde o início que tenho profundo respeito por todas as religiões, já que todas elas partem do princípio da existência de uma força superior capacitada a inspirar a caminhada de cada ser humano rumo à melhoria pessoal e coletiva. Cada religião é dotada de preceitos e ritos sistematicamente organizados para que esse caminho da transcendência seja facilitado por meio de determinadas práticas. Dessa forma, as religiões proporcionam opções para exercermos nossa dimensão espiritual. No meu entender, a espiritualidade não é uma escolha humana, e sim uma de suas dimensões, e por isso mesmo ela é "condição do ser".

Desde muito cedo, calculo algo em torno dos meus dez ou doze anos de idade, eu tinha uma percepção de que cada ser humano possui pelo menos três dimensões vitais: corpo, mente e espírito. Conforme fui crescendo, especialmente quando iniciei a faculdade de medicina, essa maneira de ver e perceber as pessoas foi se tornando cada vez mais forte e cotidiana em minha vida. Acho importante deixar claro que a minha formação acadêmica foi pautada quase que exclusivamente pela dimensão física ou corpórea do ser humano. Mas não digo isso com nenhum tom de crítica, afinal, tudo o que sei sobre o corpo humano – incluindo sua constituição e suas funcionalidades, bem como suas disfuncionalidades –, aprendi nos corredores do Hospital Pedro Ernesto, o hospital-escola da Faculdade de Medicina da UERJ (Universidade do Estado do Rio de Janeiro), conduzida por excelentes professores e pela generosidade de todo o corpo clínico e dos pacientes que, em seus sofrimentos, permitiam o meu aprendizado.

O contato íntimo com o sofrimento humano me fez acreditar ainda mais na visão tridimensional que julgo possuirmos. De forma bem simplificada, e o mais didática possível, explicarei a minha percepção de cada uma dessas dimensões: a física (corpo propriamente dito), a mental (ou psíquica) e a espiritual (ou virtual).

1. Dimensão física

A dimensão física de cada ser humano pode ser definida pelo corpo que possuímos: essa estrutura física de uma complexidade admirável que nos capacita a diversas funções autônomas e fisiológicas, como respiração, circulação sanguínea, digestão, equilíbrio hidroeletrolítico e manutenção da temperatura corpórea, assim como atividades conscientes como falar, escrever, andar, praticar esportes, manusear instrumentos ou máquinas. O corpo requer cuidados para se manter ativo e funcional durante toda a nossa existência física. Sem os cuidados necessários, ele se torna uma "morada" pouco eficiente para as nossas dimensões mental e espiritual. Dessa forma, o cuidado com a saúde física visa manter o corpo saudável e harmonioso, além de proporcionar uma base sólida para o desenvolvimento psíquico e espiritual de cada pessoa.

2. Dimensão mental

A estrutura material na qual todos os processos mentais são processados para a constituição de nossas funções cognitivas é o cérebro. É no território cerebral que nossa dimensão mental atinge a plenitude, por meio do exercício de tarefas como ler, compreender um texto, reconhecer alguém e lembrar seu nome, associar uma determinada música a um episódio passado, memorizar um caminho e ser capaz de refazê-lo sem auxílios tecnológicos, estabelecer um diálogo coerente com pessoas diferentes e, até de forma simultânea, operar máquinas complexas, como automóveis, saber que alguém é único e diferente de qualquer outro ser humano, realizar planos para o dia, o mês ou anos futuros, ou mesmo se sensibilizar com o sofrimento alheio.

As principais funções cognitivas são a percepção, a atenção, a compreensão, a memória, a linguagem falada e escrita, a empatia e a socialização. Já a capacidade de tomar decisões e agir pode ser entendida como função executiva, em geral pautada pelo bom exercício das funções cognitivas exemplificadas acima.

Todas essas funções são resultantes de elaboradas atividades cerebrais, e são elas que determinam a grande maioria dos nossos comportamentos cotidianos.

O avanço do aparato tecnológico, especialmente em nossos tempos, possibilitou uma compreensão mais assertiva sobre a relação entre o comportamento humano e a atividade cerebral. Dentro do cérebro, existe um sofisticado sistema de transmissão de informações que são passadas de neurônio a neurônio numa velocidade quase inimaginável (como já foi explicado de forma mais detalhada no capítulo 4, "A depressão e suas causas". Esse sistema é de natureza bioelétrica, ou seja, um neurônio libera uma substância química denominada *neurotransmissor* (seroto-nina, dopamina, noradrenalina etc.) que aciona, em outro neurô-nio, um estímulo elétrico capaz de conduzir a informação a outros neurônios, num ciclo virtuoso e ultraveloz que leva as mensagens neuronais às mais diversas áreas cerebrais. São essas interconexões de dados que gerarão as decisões e os comporta-mentos.

Fazendo uma analogia com fins didáticos, imagine uma lâm-pada e a luz que ela é capaz de produzir. A lâmpada seria o cé-rebro, uma estrutura física dotada de características específicas capazes de converter energia elétrica em luz visível. A mente ou as funções mentais corresponderiam à luminosidade gerada pela transmutação da energia bioelétrica dentro da lâmpada.

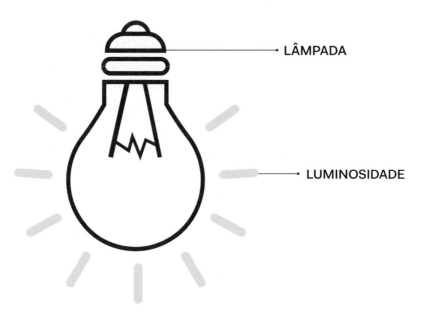

LÂMPADA

LUMINOSIDADE

Figura 7

Utilizei essa simples analogia para estabelecer uma diferenciação bem marcada entre cérebro e mente, uma vez que muitas pessoas tendem, ainda hoje, a vê-los como sinônimos em abordagens leigas ou mesmo técnicas. E, quando isso ocorre, os tratamentos terapêuticos das doenças em geral tendem a se tornar limitados ao território físico do corpo e do cérebro. Por mais complexo e funcional que um cérebro possa ser, como estrutura física ele é apenas um conglomerado constituído por elementos químicos. Os principais são carbono, hidrogênio, oxigênio e nitrogênio, representando 95% da composição material dos seres vivos. Nos 5% restantes, encontramos fósforo, cálcio, sódio, potássio, enxofre, zinco, magnésio etc.

De maneira simples e objetiva, podemos dizer que o cérebro é matéria, constituído pelos elementos químicos acima citados, assim como o corpo em geral. Já a mente é energia, que nos capacita a pensar e agir de forma inteligente.

3. Dimensão espiritual

Dando continuidade à analogia didática para o entendimento da dimensão mental da nossa condição humana, chegamos a outra dimensão energética que acredito ser parte constituinte de nossa existência: a espiritual. Nesse contexto, considero a espiritualidade também uma espécie de luz; não uma luz que simplesmente ilumina, mas uma luz potente e concentrada, capaz de apontar caminhos e trajetórias relacionados à nossa melhoria como ser individual e coletivo.

Acho importante destacar que o que chamamos de luz na verdade compreende um vasto espectro de radiações eletromagnéticas. Esse leque de energia em forma de ondas eletromagnéticas inclui desde as ondas de menores frequências, como as utilizadas no rádio e nos micro-ondas, até as de maiores frequências, como as encontradas nos aparelhos de raios X e nas radiações gama. A própria luz do sol pode ser considerada a luz da vida, pelo menos como a conhecemos, pois os seres vivos são dependentes da transmutação da energia solar em oxigênio respirável, processo conhecido como fotossíntese e realizado pelas árvores que povoam nossas florestas.

Em última instância, a luz, na sua imensa diversidade, tem sido fonte da vida, conhecimento e desenvolvimento humano. Somente por meio do estudo da luz nos foi possível desvendar um pouco da história do universo e de nossa existência material. Para onde olhamos, vemos as aplicações diretas das diversas formas de luz, especialmente nos avanços tecnológicos que usufruímos em nosso dia a dia: a fotografia, o cinema, as portas que se abrem e se fecham em função de fotossensores, os computadores, os robôs, as calculadoras, as placas solares que possuem células fotovoltaicas capazes de armazenar e converter energia solar em eletricidade, sem falar no laser, uma luz monocromática, intensa e sincronizada. Seus efeitos são tão extraordinários que ele recebeu a denominação de "luz das mil e uma aplicações". O laser tornou possível a leitura de CDs e DVDs, a TV a cabo, a leitura dos códigos de barra nos mais diversos produtos e papéis, os tratamentos de diversas patologias físicas, fibras ópticas, as luzes de LED etc.

A luz e suas infinitas formas também foram responsáveis por um casamento muito frutífero para a humanidade: o da arte com a ciência/tecnologia. Nesse aspecto, cito Leonardo da Vinci, que, com sua inquietação artística, abriu portas valiosas para avanços científicos incalculáveis. Assim como Nicolau Copérnico, que, sendo médico, jurista e astrônomo, expressou em cálculos e desenhos artísticos a teoria heliocêntrica, que colocou o sol como centro do sistema solar. Até a teoria de Copérnico surgir, a teoria geocêntrica, que considerava a Terra como centro do universo, dominava o mundo científico. Copérnico, com sua teoria, iluminou a astronomia e o conhecimento do cosmos como o entendemos hoje.

Depois de ver um pouco das infinitas aplicações da luz conhecidas e em forma de potencial para futuras descobertas, podemos entender que ela pode ser utilizada para fins diversos, sejam eles benéficos ou maléficos para cada ser humano e toda a humanidade. A luz produzida por nossa dimensão mental só poderá alimentar a dimensão espiritual que possuímos se for usada por cada um de nós com a intenção genuína de transcendermos a subjetividade egoísta do ego que nos faz pensar e agir como se esta vida fosse única, exclusivamente material e finita. A luz aplicada ao desenvolvimento da essência espiritual deve sempre ter o potencial imensurável de dar significado e valor à nossa existência pessoal e coletiva. Vista por esse ângulo, entendo a espiritualidade como uma espécie de luz poderosa, intensa e totalmente sincronizada com o objetivo de promover a melhoria humana por meio da transcendência material, ou seja, a espiritualidade seria uma espécie de laser transformador de nossa vida.

> **ESPIRITUALIDADE = LUZ PODEROSA E TRANSFORMADORA ⇨ CAPAZ DE GERAR SIGNIFICADO E VALOR PARA A VIDA HUMANA.**

Tenho plena convicção de que precisamos desenvolver nossas dimensões física, mental e espiritual. Somente assim cuidaremos da nossa integralidade humana. Ao longo de quase trinta anos de profissão, pude observar que as pessoas que levam sua vida dentro dessa crença e prática tridimensional de ser corpo, mente e espírito desfrutam de maior capacidade de enfrentar, aprender e amadurecer diante das adversidades do viver. Elas não deixam de adoecer ou sofrer; no entanto, sempre conseguem enxergar caminhos mais luminosos e são capazes de escolher um que as conduza a uma nova possibilidade de serem pessoas melhores. Elas compreendem que são limitadas pela condição física (corpo) e, em parte, conduzidas por sua mente, mas percebem, e ousam vivenciar, o poder e a liberdade que somente o exercício de sua espiritualidade é capaz de lhes oferecer.

Observo que diversos profissionais da área da saúde tendem a ignorar a essência espiritual do ser humano, e infelizmente deparo todos os dias com as consequências dessa atitude: um número crescente de pessoas adoecidas das mais diversas formas. As depressões, em números alarmantes e crescentes, expressam cada vez mais essa realidade por meio dos seus sintomas mais frequentes, como mal-estar físico e psíquico, sensação de vazio e total falta de propósito de vida e desespero existencial (ausência de paz de espírito).

Resgatando o sentido da vida

Podemos entender a depressão como uma viagem para um lado sombrio da vida, onde a luminosidade é escassa e o sentido da existência não pode ser percebido nem avistado como um caminho a ser percorrido. Por analogia aos conceitos religiosos mais tradicionais, viver a depressão seria algo como descer ao limbo espiritual, onde encontramos apenas trevas e desespero. Dessa forma, os depressivos seriam os viajantes errantes dos tempos modernos. Para eles, o inferno não é um lugar quente e barulhento existente em alguma dimensão pós-morte; para eles, o inferno é aqui e agora, e é assustadoramente frio, escuro e sem luzes sinalizadoras de retorno ao aconchego protetor que a paz de espírito e o exercício do amor pleno são capazes de criar e manter em nossa essência. A paz de espírito só pode ser alcançada quando encontramos, em nosso universo interior, o porquê da nossa vida, a que nos destinamos. Já o amor pleno e universal é exatamente o que sentimos por tudo e por todos quando estamos no caminho que nos conduz rumo à nossa missão ou ao nosso propósito nesta existência.

Do ponto de vista físico e mental, a depressão é um processo de retrocesso, pois enfraquece o corpo e todas as funções cognitivas que nos capacitam a enfrentar as adversidades e as responsabilidades inerentes à vida. A depressão, sob esses aspectos, pode ser vista como uma moratória ou uma declaração de falência da persona em se cuidar e administrar o seu viver.

É interessante observar que, na natureza, diversos animais se fingem de mortos diante de situações que ameaçam sua sobrevivência e para as quais eles não percebem nenhuma possibilidade de saída. De forma equivalente, e diante de nossa condição animal, podemos entender a depressão como uma fuga na qual simulamos um estado de morte em vida. No que tange ao nosso funcionamento cerebral, essa situação corresponderia a um desligamento da parte mais evoluída do cérebro, que passa a funcionar sob o comando da parte mais primitiva e emocional. Essa parte aciona nosso instinto de sobrevivência, que opta por nos colocar em uma espécie de estado de choque em que corpo e mente tendem a uma paralisia, algo semelhante a uma morte fictícia. Tal reação é uma defesa acionada pelo cérebro em depressão para fazer frente a situações estressantes que ultrapassaram seu limite de suportabilidade vital.

Nem todas as pessoas reagem a longos períodos de estresse dessa forma; no entanto, entre aquelas que apresentam maior vulnerabilidade genética ou psicológica, esse comportamento pode ser interpretado como uma espécie de declaração de desistência pessoal diante dos infortúnios da vida.

Tenho observado, no tratamento diário de pacientes deprimidos, que de fato essa inversão de comando do cérebro racional pelo cérebro emocional ou instintivo ocorre especialmente naqueles nos quais identificamos um período de estresse diário e prolongado (algo entre um ano e meio e três anos em média), antecedendo a abertura de seu quadro clínico. Nesse aspecto, devemos lembrar que o mundo moderno, conforme o vivenciamos hoje, trouxe-nos uma série de confortos tecnológicos, mas a um custo bastante elevado. Nosso cérebro foi constituído e preparado para enfrentar eventos estressantes, especialmente os relacionados à sobrevivência física, como a fuga de animais selvagens ou a luta por comida e território. Contudo, o estresse gerado pelo dia a dia contemporâneo nos impôs uma carga extra de desafios sem precedentes, e temos nos mostrado despreparados ou fragilizados diante dela. Podemos até mesmo dizer que essa carga está aquém de nossas possibilidades adaptativas. Entre os maiores desafios do homem moderno, podemos citar a ansiedade crônica, o sedentarismo físico, a alimentação industrializada, a poluição gerada por excesso de monóxido de carbono e a solidão dos grandes centros urbanos.

Apesar de toda a evolução tecnológica, nosso cérebro ainda é o mesmo e se defende como se habitássemos cavernas e lutássemos contra outros animais. Nossa luta diária não é mais contra predadores hostis, e sim contra nossas rotinas insatisfatórias e frustrantes, nas quais nós e nossos semelhantes nos tornamos inimigos velados em função de uma convivência minada pelo individualismo, pela busca desenfreada por poder, status social e prazeres compulsivos.

Vivemos em uma sociedade que impõe às pessoas uma busca individualizada por um estado de felicidade constante e inexistente. A felicidade compulsória é a lei que rege nossos tempos. Nesse contexto, nossas três dimensões são afetadas com golpes duros. A dimensão física tem suas forças enfraquecidas pela guerra diária de sedentarismo, má alimentação, privação de sono e de lazer. A dimensão mental se vê envolta em pensamentos obsessivos de competitividade e obtenção de ganhos materiais. E a dimensão espiritual se atrofia pela total falta de espaço que a paz de espírito e o exercício do amor pleno e universal encontram para se desenvolver. O egoísmo, a competitividade, o medo, a ansiedade e a falta de gentileza e generosidade dominam a cena moderna e impedem o crescimento e a prática da mais humana e valorosa das nossas essências: a espiritual. No meu entender, somos espíritos e estamos momentaneamente em um corpo físico. Se não utilizarmos nossa energia mental para evoluir espiritualmente, não cumpriremos nossa missão vital. Tudo de bom que fazemos aqui se soma de forma evolutiva na dimensão espiritual. Nenhum bem é em vão: ele sempre abastecerá nossa poupança com o divino ou sagrado. Imagino que esse somatório é arquivado em algum lugar do espaço numa dimensão virtual e atemporal. Por analogia, acredito que cada um de nós possui um arquivo semelhante às nuvens virtuais que armazenam fotos, filmes, dados de trabalho, relatórios, mensagens, pensamentos, ideias e emoções.

Muitos poderão questionar a veracidade de minhas ideias, e acho isso absolutamente normal e salutar, pois é nas incertezas e nas dúvidas que buscamos explicações e novas possibilidades de entender a vida ou dar sentido a ela. Não tenho nenhuma verdade, nem pretendo tê-la, porém imaginar caminhos que me conduzem a ser alguém melhor abastece e ilumina de sentido a minha existência. Mas responda-me uma pergunta: você imaginava que um dia armazenaríamos dados em nuvens virtuais tão poderosas?

Ciência e espiritualidade/ religiosidade

Nos últimos anos, especialmente nas duas últimas décadas, a comunidade científica parece ter atentado para a relação, que a meu ver sempre existiu de forma estreita e clara, entre aspectos espirituais e religiosos e o estado de saúde e doença das pessoas. Os estudos científicos realizados nesse sentido mostram, em sua maioria, benefícios evidentes do exercício da espiritualidade e da religiosidade no processo de restabelecimento da saúde física e mental dos pacientes avaliados.

Os autores de um artigo apresentado na revista *Debates em Psiquiatria*, da Associação Brasileira de Psiquiatria,[1] fazem uma revisão ampla da relação entre espiritualidade/religiosidade e os resultados sobre a saúde geral, que evidenciou a redução de sintomas físicos, a melhora na qualidade de vida e até mesmo o aumento de sobrevida. Em relação à saúde mental, de forma mais específica, eles citam diversos estudos encontrados na literatura sobre o tema que demonstram associações positivas entre espiritualidade/religiosidade e depressão, ansiedade e estresse pós-traumático.

---

1. Juliane P. B. Gonçalves et al. "Avaliação da prática de terapia complementar espiritual/religiosa em saúde mental".

Os autores dessa revisão científica destacam ainda que, apesar do crescente interesse pelo tema espiritualidade/religiosidade e saúde mental, ainda enfrentamos escassez de publicações que avaliem a real aplicabilidade clínica desse tópico por meio de ensaios clínicos randomizados e controlados.

O grande desafio enfrentado por esse tipo de estudo é a dificuldade em estabelecer uma metodologia única que dê conta de medir ou avaliar a espiritualidade, a fé ou a religiosidade das pessoas. Muitos estudos tomam como parâmetro apenas a religiosidade, o que, no meu entendimento, limita em muito a avaliação da espiritualidade.

A religiosidade representa uma das facetas da espiritualidade, que, na maioria das vezes, limita seus seguidores a dogmas e rituais prestabelecidos em tempos em que a realidade humana era extremamente diversa da atual. Acredito que valores éticos como o amor universal, o altruísmo e propósitos transcendentes de vida estão em todas as religiões; no entanto, o radicalismo desse exercício pode anular tais valores ao provocar a intolerância e as chamadas "guerras santas", que de santas não têm nada.

Avaliar a espiritualidade de alguém apenas pela sua religiosidade é passível de muitos erros e equívocos. Conheço muitas pessoas que frequentam com assiduidade os cultos de determinada religião, mas, em seu dia a dia, não praticam os preceitos que exaltam em seus rituais; suas práticas são restritas ao território limitado de suas agremiações religiosas. Por outro lado, encontro pessoas que não seguem nenhuma religião específica e, no entanto, possuem uma vida recheada de atitudes altruístas e crenças divinas.

Nesse aspecto, compartilho com Harold Koenig a visão sobre espiritualidade e religiosidade que ele utiliza em suas pesquisas. Para ele, espiritualidade é "a aproximação do sagrado ou transcendental por meio da busca pessoal de compreensão das questões da vida sem necessariamente possuir um vínculo religioso". Já a religiosidade corresponde a "uma ligação com o sagrado ou transcendental por meio de um sistema organizado de crenças, práticas, rituais e símbolos".[2]

Segundo Esdras Vasconcellos, psicólogo e professor da Universidade de São Paulo, "a medicina e a espiritualidade foram separadas no século passado, mas, nos últimos anos, a própria ciência está tratando de reuni-las".[3] Outro bom exemplo dessa frutífera parceria vem da Sociedade Brasileira de Cardiologia, que criou seu Grupo de Estudos em Espiritualidade e Medicina Cardiovascular (Gemca). Mário Borba, diretor científico desse projeto, afirma: "Já não temos dúvidas de que a fé contribui para a saúde. Queremos entender melhor agora até onde vão seus efeitos e de que forma ela os propicia".[4]

O cardiologista Ney Carter do Carmo Borges, da Universidade Estadual de Campinas, afirma: "Os indivíduos que buscam o transcendente também estão mais protegidos diante do estresse e da depressão, importantes fatores de risco cardíaco".[5]

Em uma revisão com base em mais de 3.200 estudos, Fernando Lucchese, cardiologista da Santa Casa de Misericórdia de Porto Alegre, e o psiquiatra Harold Koenig, da Universidade Duke, Estados Unidos, concluíram que "a espiritualidade atua

---

2. H. G. Koenig, D. King e V. B. Carson. *Handbook of religion and health.*
3. *Revista saúde.* "O remédio está na fé". Ed. Abril, n. 371, 2013.
4. Ibid.
5. Ibid.

na interação entre os sistemas nervoso, endócrino e imunológico". Esses achados de Lucchese e Koenig facilitam-nos o entendimento de como uma boa espiritualidade pode contribuir para melhorar a resposta terapêutica a quadros de depressão, infecciosos, inflamatórios e relacionados à longevidade.[6]

O efeito antidepressivo da fé também foi verificado em uma pesquisa realizada pelo neuropsiquiatra Alexandre Moreira Almeida, da Universidade Federal de Juiz de Fora (MG).[7] Entre quase 2 mil participantes, todos com idade acima de 65 anos e moradores de regiões carentes da cidade de São Paulo, Moreira Almeida constatou que os frequentadores assíduos de espaços religiosos apresentavam um risco 50% menor de desenvolver depressão diante de suas adversidades vitais. Segundo Moreira Almeida, os resultados de sua pesquisa não deviam ser atribuídos somente ao suporte social promovido por serviços religiosos. Para ele, "a religiosidade pode interferir, entre outras causas, na ativação de alguns sistemas cerebrais, como os de serotonina e dopamina, neurotransmissores associados ao bem-estar".

O artigo de Lucchese e Koenig,[8] além de evidenciar os benefícios cardiovasculares da espiritualidade, tem um aspecto que, a meu ver, torna-o de enorme valia para todos os profissionais da área da saúde. Eles encorajam os médicos brasileiros a incluir em suas anamneses uma abordagem relativa à história espiritual de cada paciente, algo ainda bastante raro em nosso país. Um simples ato como esse pode ajudar, e muito, na res-

---

6. Ibid.
7. Alexander Moreira Almeida, Harold G. Koenig e Giancarlo Lucchetti. "Clinical implications of spirituality to mental health: review of evidence and practical guidelines".
8. Revista saúde, op. cit.

posta terapêutica dos pacientes a diversas patologias físicas e mentais. Além disso, tal ato costuma aprofundar a relação entre médicos e pacientes, facilitando a aderência ao seguimento de seus tratamentos e a esperança. Ao se sentirem compreendidos e aceitos em suas crenças e práticas espirituais, as pessoas tendem a se entregar de forma mais ativa e responsável às prescrições de seus médicos.

Como afirma Lucchese, "não se trata de prescrever oração como se fosse remédio, mas, partindo de uma vontade ou do interesse do paciente, procurar uma forma de usar a espiritualidade a seu favor". Esse posicionamento de Lucchese me enche de esperança de que, em breve, poderemos ter uma prática médica mais eficaz e humana, na qual a fé poderá nos ajudar a remover as pedras em forma de doenças em que, como humanos, estamos sujeitos a tropeçar na longa caminhada que a vida nos obriga a trilhar. Como dizia o poeta Drummond, "no meio do caminho tinha uma pedra, tinha uma pedra no meio da caminho...".

Acredito que muitos outros estudos científicos deverão ser feitos nos próximos anos, mesmo que todos possam ser questionados por seus parâmetros metodológicos. Afinal, de maneira empírica, muitos médicos e profissionais da saúde já atentaram e atentarão para os efeitos benéficos da espiritualidade/religiosidade dos pacientes ante seus quadros de adoecimento físico e psíquico.

Em seu livro *Depressão, onde está Deus?*, Roque Marcos Savioli, doutor em Cardiologia pela Faculdade de Medicina da Universidade de São Paulo e diretor da Saúde Suplementar do InCor, destaca a sua experiência pessoal na observação de menor incidência de depressão nos pacientes praticantes da fé cristã submetidos a cirurgias cardíacas após infarto do miocárdio. O dr. Roque chega a ser mais categórico em suas análises clínicas ao considerar a ausência de religiosidade como um dos fatores capazes de predispor à ocorrência da depressão no pós-operatório de pacientes que realizam cirurgias cardíacas.[9]

De forma também empírica, e totalmente baseada em minha prática clínica propriamente dita e na supervisão de profissionais que trabalham ou trabalharam comigo, observo com clareza terapêutica que a maioria absoluta dos pacientes que sofrem de depressão apresenta precocemente remissão dos sintomas físicos e mentais, além de índices reduzidos de recaídas, ou recidivas, quando praticam e exercem a espiritualidade no seu dia a dia – seja ela vivenciada por uma determinada religião ou por meio de práticas como meditação, ioga, tai chi chuan, trabalhos altruístas em hospitais ou instituições de caridade. Incluo aqui qualquer atividade que tenha o objetivo de nos conectar com a fonte energética sagrada (FES) que uso para designar o que a maioria das pessoas costuma chamar de Deus. Essa conexão pode ser feita de diversas maneiras, e considero todas legítimas, desde que nos levem à transcendência de pensar e agir no mundo e tenham o amor generoso e gentil pautando nossa caminhada com tudo e todos, incluindo a nossa própria essência. Somente dessa forma atingiremos a tão sonhada paz de espírito, que, no meu entendimento, é a senha do wi-fi que nos conecta com a energia divina presente em toda a criação do universo. Uma das mais belas obras de arte produzidas pela humanidade é a pintura de Michelangelo Buonarroti, A criação de Adão, que decora a Capela Sistina no Vaticano. A cena é de uma beleza ímpar e retrata essa conexão sagrada, busca eterna dos humanos desde sem-

---

9. Roque Marcos Savioli. Depressão: onde está Deus?, pp. 42-3.

pre. E quem ousaria dizer que esse não é o único e verdadeiro sentido da vida?

Figura 8. *A criação de Adão*, Michelangelo.

"Estou exausta, muito mesmo! Hoje não dá para sair de casa, tamanhas são a angústia e a ansiedade que sinto. São 13h30, e me sinto inútil e desesperada. Começo a acreditar que não tenho mais saída..."

(15 de fevereiro de 2001)

12
SUICÍDIO: PRECISAMOS FALAR SOBRE ISSO

O texto citado é um pequeno trecho de uma longa carta que uma grande amiga me entregou, aproximadamente dois meses antes de se retirar desta vida. Sim, ela resolveu pôr fim à própria vida. Esse ato recebe a denominação de suicídio, e até hoje muitos evitam pronunciar a palavra por estar cercada de uma série de preconceitos, tabus e muita ignorância sobre o assunto. O suicídio é uma realidade bem mais comum do que imaginamos. Apesar de insistirmos em colocar um véu amortizante sobre essa situação, os números apontam para uma realidade bastante preocupante. Em 2014, a OMS[1] lançou um importante documento intitulado *Preventing suicide: a global imperative* sobre esse fenômeno global, e os números revelados por esse extenso e profundo estudo concluíram que, atualmente, o suicídio é um assunto de saúde pública no Brasil e no mundo. Alguns números inquestionáveis dessa pesquisa traduzem o que temos dificuldade de enxergar em nosso cotidiano:

- Em 2012, aproximadamente 804 mil pessoas se suicidaram ao redor do mundo. Isso equivale a dizer que 2.200 tiraram a própria vida a cada dia daquele ano, em um intervalo médio de tempo de quarenta segundos entre um suicídio e outro

---

1. OMS. *Preventing suicide: a global imperative*, 2014.

- Toda vez que uma pessoa se suicida, outras vinte tentaram e não obtiveram o resultado por elas desejado. Isso significa que há uma tentativa a cada dois segundos ao redor do mundo
- O número de pessoas que cometem suicídio hoje já supera o número de pessoas que oficialmente vão a óbito por homicídio ou mortes em guerras ou desastres naturais – situações que, somadas, tiram 669 mil vidas por ano[2]

Os dados desse estudo são inúmeros e bastante abrangentes, mas os três que citei já são suficientes para entendermos a importância, a complexidade e a desinformação que a sociedade como um todo tem sobre esse tema. É estarrecedor constatar que o suicídio é hoje um caso de saúde pública e que, mesmo assim, a maioria dos governos mundiais não possui nenhum tipo de política sistematizada com o objetivo claro e assertivo de informar, de maneira ética e respeitosa, sobre o assunto, bem como de produzir ações efetivas de prevenção contra esse drama humano.

Este capítulo foi pensado primeiro como uma necessidade pessoal de cumprir o meu dever de dar foco e luz sobre essa experiência tão dolorosa do viver, ou melhor, do "desistir de viver". No entanto, ele também se dispõe a ser um pedido formal de sinceras desculpas aos milhares de indivíduos que todos os dias deixam sua caminhada vital, ceifando sua família, amigos e toda a humanidade de seus talentos e contribuições. Ao tirarem a vida, essas pessoas interrompem sua evolução material e espiritual. Utilizo o termo *desculpas* porque os estudos científicos mais

---

2. *Global Burden of Disease*, Organização Mundial da Saúde.

atuais revelam que aproximadamente 90% dos casos de suicídio estão associados a transtornos mentais que, se fossem corretamente diagnosticados e adequadamente tratados, evitariam um número significativo de perdas vitais. E, quando falamos de suicídio, o impacto nunca se restringe a um universo individual: cada pessoa que se suicida provoca impacto direto em pelo menos cinco a seis pessoas com as quais se relacionava. Essas pessoas (familiares ou amigos) sofrem, em graus variados, consequências emocionais, econômicas e sociais.[3]

Como foi dito, a maioria absoluta dos casos de suicídio possui causas detectáveis e tratáveis. Logo, algo de muito errado está acontecendo na identificação e no tratamento dos principais transtornos mentais que propiciam o comportamento suicida. E mais: a divulgação de informação qualificada e conhecimento preventivo sobre esse fenômeno tão devastador é quase insignificante em toda a sociedade ante a importância do tema. Isso, infelizmente, acontece por causa de grandes doses de ignorância, preconceitos e tabus relacionadas aos transtornos mentais em geral e, especialmente, ao ato suicida em si.

Estudo realizado pelo suicidólogo José Manoel Bertolote, professor da Universidade Estadual de São Paulo (Unesp), em parceria com Alexandra Fleischmann (pesquisadora suíça), revisou uma série de artigos científicos sobre suicídio publicados entre 1959 e 2001 e concluiu que os casos de suicídio tinham relação estreita com os transtornos mentais, nas seguintes proporções: 35,8% relacionavam-se aos transtornos do humor; 22,4%, aos transtornos relacionados ao uso/abuso de substâncias tóxicas;

---

3. Ministério da Saúde. *Manual de prevenção do suicídio dirigido aos profissionais de saúde mental.*

10,6%, à esquizofrenia; 11,6%, aos transtornos de personalidade; 6,1%, aos transtornos de ansiedade e somatoformes; 5,5%, a outros transtornos de eixo 1 do M. D. E. (transtornos clínicos); 3,6%, aos transtornos de adaptação; 1%, aos transtornos mentais orgânicos; 0,3%, a outros transtornos psicóticos; e 3,2% não tinham diagnóstico definido.[4]

É bom salientar que nem toda pessoa acometida por algum transtorno mental se suicidará. Mas não podemos negar, nem mesmo subestimar, o fator de risco relevante que as patologias comportamentais representam no fenômeno suicida. Por isso mesmo, a detecção precoce e o tratamento assertivo podem exercer papel decisivo na redução das taxas de suicídio, aliados à desmistificação dessas doenças por parte da mídia e da população em geral. O estigma impede as pessoas acometidas de procurar ajuda. A própria Associação Brasileira de Psiquiatria (ABP) realizou, em 2016, uma campanha contra a psicofobia, visando reduzir o preconceito relacionado aos portadores de transtornos mentais.[5]

Ninguém se suicida sem que haja, em sua mente, grandes doses de desespero, desesperança e sentimentos de incapacidade e nulidade. E não cabe a nós, profissionais de saúde mental, julgar a veracidade de seus pensamentos e suas emoções. Nosso papel é acolher o paciente e, ao seu lado, buscar alternativas que minimizem ou cessem a dor sombria e dilacerante que devasta seu corpo, sua mente e seu espírito.

---

4. André Trigueiro. *Viver é a melhor opção*, pp. 35-7.
5. Associação Brasileira de Psiquiatria (ABP), Campanha PLS 236/2012 que torna a psicofobia um crime; *A sociedade contra o preconceito.*

Para que tenhamos a postura adequada diante das pessoas com risco ou comportamento suicida, é necessário que limpemos nossa mente de alguns preconceitos e tabus alicerçados em nossa cultura social, consequência de muita desinformação e ignorância.

- **Falar ou divulgar casos de suicídio pode incentivar a sua prática**

Esse tabu relaciona o aumento de casos de suicídio à divulgação de notícias sobre eles. Tudo indica que essa associação teve início em 1774, ano em que foi publicado o romance *Os sofrimentos do jovem Werther*, de Johann Wolfgang von Goethe. No livro, o personagem principal comete suicídio com arma de fogo após uma paixão malsucedida. Pouco tempo após a publicação desse romance, houve uma série de casos de jovens que se utilizaram do mesmo método para dar fim à vida. Esse acontecimento provocou a proibição da venda do livro em alguns países. A partir desse fato, o termo *efeito Werther* passou a ser utilizado na literatura técnica para se referir aos casos de suicídio imitativos.

Em nosso tempo, o poder da mídia, em seus diversos canais de comunicação, exerce uma influência significativa para o bem e/ou para o mal. No entanto, o que se questiona não é a limitação de informações como método de prevenção de suicídio, e sim a forma como a mídia cobre diversos casos desse fenômeno. O exemplo mais típico é o suicídio cometido por pessoas públicas, especialmente que sejam ídolos por seus talentos específicos: cantores, atores, atrizes, líderes sociais ou religiosos. Não cabe à imprensa criar histórias romanceadas sobre os motivos que levaram ao ato; ela deve noticiar o fato sem sensacionalismo e destacar a vida daquela pessoa, e não seu último ato. Todos devem ser lembrados pelo conjunto de sua obra, e não por um ato isolado – e, nessas situações específicas, por um ato derradeiro. Há de se lamentar a perda de uma vida, e não transformar uma morte em um espetáculo exaustivamente repetido nos canais de comunicação. A cobertura pode e deve abrir espaço para pensarmos no suicídio como uma triste realidade que acomete milhares de pessoas ao redor do mundo e nos motivar a realizar ações e campanhas preventivas que visem alterar de forma positiva o atual e sombrio cenário.

Muitas coberturas inadequadas sobre suicídio tendem a destacá-lo como um ato de coragem ou rebeldia, ou ainda de covardia. Ambas as visões são limitadas, tendenciosas e infelizes do ponto de vista do entendimento humano. Um suicida é, antes de tudo, uma pessoa em estado de desespero. Alguém que só enxergou o fim como amortecimento de suas dores, suas angústias e suas impossibilidades. Uma pessoa assim não encontra recursos físicos, mentais nem espirituais para seguir em frente. Seu corpo já vem sendo negligenciado há tempos, em repetidos descuidos relacionados a alimentação, atividades físicas e/ou sono reparador. Em sua mente, os pensamentos negativos e/ou fatalistas se apoderaram de toda a sua racionalidade existencial, especialmente a relacionada à sua capacidade de resiliência. Qualquer pensamento ou sentimento de fé ou espiritualidade conectiva e proposital relacionado à sua existência já deixou de ecoar em seus dias nebulosos e desprovidos de um significado maior. Tudo é restrito ao mais puro desespero, desamparo e à necessidade imediata de finitude ante tudo e todos.

É importante destacarmos que o suicídio é um ato ilícito, porém não deve nem pode ser condenado e/ou penalizado sob nenhuma justificativa, seja ela moral ou religiosa. Nesse aspecto, devemos nos lembrar do artigo 5º da Constituição Brasileira, que atribui à vida o valor de um bem jurídico a que cada cidadão tem direito.

O que pode ser considerado crime, nesse contexto, são: a omissão, a indução, a não prestação de auxílio ao suicida e a falta de investigação sobre o fato ocorrido.

Muitos outros mitos rondam o comportamento suicida e contribuem para o não enfrentamento adequado desse fenômeno tão humanamente complexo e intrigante. Alguns são até popularmente conhecidos e propagados, como:

- "Pessoas que ameaçam se matar não o farão de fato."
- "Quem quer se matar não avisa previamente."
- "Quem quer se matar mesmo vai se matar de qualquer forma."
- "Após a superação de uma situação difícil, o risco de suicídio termina."
- "Suicídios não podem ser prevenidos."
- "Toda pessoa que pensa em se matar sempre pensará dessa forma."

Por tudo o que já falei neste capítulo, é fácil observar que esses mitos são francamente equivocados. No entanto, minha consciência insiste em esclarecer ao máximo cada um deles, para que o conhecimento transformador possa trazer luminosidade sobre um fenômeno tão devastador da vivência humana.

Pessoas que cometem suicídio, em geral, costumam dar muitos avisos prévios sobre suas intenções.

É importante observarmos que indivíduos que pensam em dar cabo de sua vida apresentam de maneira frequente sentimentos instáveis e ambivalentes, e isso faz com que mudem de ideia sobre si mesmos diversas vezes em um curto espaço de tempo ou até mesmo em um único dia. Por essa razão, a afirmação "Quem quer se matar se mata mesmo" é algo de caráter fatalista e irrevogável.

Muitas pessoas, ao serem ouvidas e acolhidas em momentos de intensa angústia e desespero, conseguem acalmar seus tenebrosos sentimentos e perceber sua vida sob novos ângulos. Esse suporte é a base do Centro de Valorização da Vida (CVV), cuja filosofia de trabalho pode ser resumida pela ação denominada de "escuta amorosa", desprovida de qualquer ligação religiosa ou política. A instituição CVV foi fundada no Brasil em 1962, na cidade de São Paulo, seguindo os preceitos dos samaritanos de Londres, e sobrevive somente pelo voluntariado para prestar atendimentos telefônicos e virtuais (on-line) a pessoas que precisam ser ouvidas de forma imparcial e não julgadora. Numa sociedade em que a grande maioria das pessoas não dispõe de tempo e/ou paciência para ouvir a si mesmas nem aos outros, o CVV se configura em uma ilha de acolhimento, compreensão e fraternidade rodeada de águas revoltas por todos os lados.

Dessa maneira podemos deduzir que uma "escuta certa" em uma hora incerta pode mudar, de forma imprevisível, "certezas" fatalistas e consideradas irreversíveis.

A única coisa certa na vida é a sua imprevisibilidade. Toda certeza parece já ter nascido póstuma! Por isso, devemos sempre dar o nosso melhor a cada pessoa que cruze nossa vida. Digo isso porque, muitas vezes, nós nos sentimos seguros quando um ente querido supera uma fase difícil de depressão por julgarmos que ele(a) não apresenta mais nenhum risco de atentar contra a própria vida. Ledo engano: às vezes, a melhora física e mental proporcionada por determinados tratamentos pode ser o estopim de uma tentativa suicida mais organizada e até mesmo eficaz. Isso ocorre em casos em que a melhora física se mostra mais acelerada do que a mental, ou seja, o paciente mostra-se mais ágil e disposto, mas seus pensamentos ainda são extremamente negativos e derrotistas. Nas profundezas de sua mente, viver ainda é uma tarefa demasiadamente pesada e sem saída. É por essa razão que o paciente depressivo deve ter um acompanhamento regular por parte de sua equipe médica e psicológica, bem como a observação atenta de seus familiares.

De maneira oposta e bem mais animadora para todos nós, o mito "Toda pessoa que pensa em se matar sempre pensará assim" mostra-se novamente uma afirmação preconceituosa e, de certa forma, arrogante. Ninguém pode achar que tem o poder de "sacramentar" o futuro da humanidade, muito menos o de um ser humano. A maioria das pessoas vive sem se dar conta de suas dimensões (física, mental e espiritual), mas, quando são capazes de enfrentar suas dores e seus sofrimentos advindos da depressão, uma espécie de alquimia parece acontecer: elas passam a apresentar um comportamento proativo que acaba por movê-las para o exercício pleno dos seus propósitos vitais, e, quando atingem esse estado de paz de espírito, as recaídas se tornam inexistentes ou muito raras.

A felicidade compulsória dos tempos modernos e o suicídio

Muitas pessoas costumam afirmar que a finalidade da vida é atingir a felicidade. Tal afirmação costuma promover em nós, humanos, uma busca impulsiva e impetuosa pelo que cada um entende como a tal da felicidade. Mas será que possuímos o entendimento essencial do que seja realmente essa palavra tão propagada e ofertada em nossa vivência diária? Sob o aspecto linguístico, felicidade é um substantivo feminino que tem como sinônimos palavras como êxito, boa sorte ou fortuna e, como antônimos, desgraça e infortúnio. Numa sociedade como a nossa, ser feliz ou ter felicidade se tornou uma obrigação ou uma necessidade. Quem não é feliz é visto como alguém fraco, fracassado ou covarde. Nesse contexto, alguém, mesmo que momentaneamente infeliz, não vê sentido em viver. Se felicidade, em nossos tempos, é "condição do ser", sem ela não há sentido em viver. Essa forma de pensar estabelece a "ditadura" da felicidade a que a maioria de nós se mantém subjugada.

Assim, não é de admirar que os índices de suicídio venham aumentando em todo o mundo nas últimas décadas, pois o ato de tirar a própria vida pode se constituir numa questão filosófica dos nossos tempos. Em última instância, nesse cenário social, o suicídio poderia ser considerado uma resposta individual sobre se a vida vale ou não ser vivida.

As colocações que fiz até aqui sobre felicidade, vida e escolhas pessoais podem até ser lógicas e coerentes; no entanto, elas reduzem a vida e seu propósito a uma simplicidade inadmissível e mentirosa. Reduzir a experiência do viver a ser feliz durante todo o tempo é, no mínimo, uma postura egoísta, limitada e infantil. O grande objetivo da vida não é a felicidade, e sim a nossa inexorável caminhada evolutiva. É fácil entendermos isso se lembrarmos que somos parte da natureza e, por isso mesmo, somos regidos pelas mesmas leis pelas quais ela é regida.

Se olharmos, por exemplo, um rio, veremos que ele tem seu propósito e seu destino: chegar ao mar; mas, se esse mesmo rio tiver sua trajetória devastada ou destruída, ele vai "adoecer" e deixar de existir na sua forma original por algum tempo. No entanto, tenderá a refazer seu trajeto com o passar do tempo. Afinal, seu propósito vital foi interrompido. A natureza sempre se recompõe, e, como parte deste universo, nós também temos essa capacidade infinita de recomeçar e retornar ao caminho original rumo à melhoria em nossas dimensões essenciais: corpo, mente e espírito.

Não podemos esquecer, porém, que a caminhada da vida contém desafios, provações e sofrimentos, tal qual as borboletas que passam um bom tempo aprisionadas em casulos escuros e desconfortáveis antes de ganhar asas, cores deslumbrantes e alçar seus voos.

É claro que não podemos reduzir o fenômeno suicídio à influência dos fatores socioculturais de nossos tempos. Nesse contexto, todos os fatores que incidem sobre o pensar, o sentir e o agir de cada pessoa, bem como suas características geneticamente herdadas, poderão se combinar em um intrincado jogo de probabilidades que, em última análise, produzirá uma personalidade única e intransferível em cada um de nós. Por isso, quando alguém desiste de viver está abrindo mão de estar neste mundo e de nele cumprir sua missão de evoluir e transcender como energia espiritual.

Independentemente de qualquer posicionamento ou crença religiosa, agnóstica ou do próprio ateísmo, a física quântica avança na constatação de que tudo, absolutamente tudo o que somos e existe no universo tem composição energética e, por isso, não se extingue. Até mesmo o átomo, tido como a fração mais indivisível da matéria, está sob novas perspectivas: seu núcleo, tido como a parte mais material de sua estrutura, vem se revelando algo imaterial. Tudo caminha para constatarmos que o núcleo atômico nada mais seria que energia densamente concentrada. Peço desculpas por me empolgar nesses aspectos, mas a natureza energética de tudo no universo, incluindo os seres humanos, sempre me fascinou. Com o tempo, o assunto virou um hobby cultivado nos momentos extramedicina. No entanto, para meu conforto existencial e profissional, esses estudos, iniciados na adolescência por mera curiosidade, acabaram por edificar, em minha vida pessoal e no exercício do meu ofício, um movimento de fé e esperança tão inabalável que hoje penso que somos seres espirituais em uma breve experiência material. Contudo, essa experiência material que vivenciamos e denominamos de vida é absolutamente fundamental para seguirmos nossa jornada energética.

É por possuir essas crenças, acreditar nelas e vivenciá-las que torno a ratificar: são independentes de qualquer visão religiosa prestabelecida. Resolvi compartilhar com vocês a minha visão mais específica sobre a qual o suicídio deve ser evitado a qualquer custo. E não digo isso com nenhum senso de juízo moral, e sim por acreditar, com todas as minhas forças, que, ao evitarmos um suicida de findar de forma não natural sua vida, daremos condições para essa pessoa cumprir seu propósito existencial. Esse movimento, além de salvar fisicamente a vida de alguém, pode auxiliá-lo em sua caminhada espiritual e ampliar também a "luminosidade" da nossa própria vida. Quando nos dispomos a ser "luz" para alguém, a claridade de nossos atos reduz as sombras de nossa vida. Se você duvida disso, risque um palito de fósforo em um ambiente de pouca luminosidade e repare em uma parede próxima: você verá a sombra de seu dedo e do palito mais clara, mas não verá nenhuma sombra na região da parede correspondente à chama da luz produzida pela combustão da pólvora concentrada na parte superior e avermelhada do palito de fósforo. Como já disse Plutarco: "A luz não produz sombra".

Contribuir para reduzir os índices de suicídio no mundo é uma ação altruísta, ética e moral. Mas, para quem acredita que somos realmente energia pura e atemporal em uma morada física momentânea (nosso corpo), lutar pela vida de cada ser humano é, na verdade, uma luta pelo crescimento espiritual de cada um de nós e de toda a humanidade.

No filme *A lista de Schindler* (de Steven Spielberg, ganhador de sete Oscars em 1993), o personagem Oskar Schindler, interpretado pelo ator Liam Neeson, resume tudo isso em uma frase: "Quem salva uma vida, salva a humanidade inteira".

Para finalizar, eu gostaria de dizer apenas: "Eu acredito inteiramente no conteúdo dessa frase. E você?".

O amor como propósito do viver é a estrada mais segura e rápida para a nossa evolução espiritual, pois somente ele é capaz de proporcionar a paz de espírito.

13
AS FACES DEPRESSIVAS DOS TEMPOS MODERNOS

Em 2019, mais precisamente no dia 20 de julho, cinquenta anos terão se passado desde o feito considerado como o mais audacioso da história documentada da humanidade: a chegada do homem à Lua. Neil Armstrong foi um dos heróis dessa odisseia humana, então um jovem de 38 anos e o primeiro homem a pisar o solo lunar. Ele teve a companhia de Edwin Aldrin e Michael Collins. Este último foi o único a não colocar os pés na Lua, pois lhe coube a tarefa de pilotar o módulo de comando tecnológico de toda a missão denominada Apollo 11. Ainda hoje as imagens tremidas, entrecortadas e em preto e branco são mostradas em diversos programas de TV que exaltam a grandeza simbólica daquele momento.

Aproximadamente 1 bilhão de pessoas, ou seja, uma pessoa a cada quatro das que compunham a população mundial em 1969, assistiram à transmissão televisiva do evento que no Brasil ocorreu às 23h56 (horário de Brasília).

A frase pronunciada por Armstrong ecoou no mundo inteiro: "Este é um pequeno passo para o homem, mas um gigantesco salto para a humanidade". Nas escolas, ela foi tema de redações e perguntas em provas de história e ciências durante muitos anos. Aldrin, vinte minutos após as palavras proferidas por seu parceiro de feito histórico, limitou-se a dizer "lindo, lindo", referindo-se não ao solo lunar e sim à leveza com que podia se movimentar por causa da pouca gravidade do local (aproximadamente 1/6 da força gravitacional que experimentamos na Terra). Collins confessou que só conseguiu sentir-se tranquilo e aliviado no dia seguinte, quando seus dois companheiros se juntaram a ele e todos puderam iniciar a viagem de retorno à Terra.

Passados quase quarenta anos, a conquista do espaço é uma realidade bem distante. De certa maneira, a ida do homem à Lua representa nos dias atuais muito mais uma fotografia viva daqueles tempos do que um marco real e representativo da tão sonhada conquista espacial fomentada por líderes mundiais vaidosos, competitivos e um tanto megalomaníacos.

As décadas de 1960 e 1970 foram marcadas por uma grande efervescência em todos os setores sociais. Respirava-se uma confiança exacerbada nas consequências imediatas que as ações humanas pautadas na tecnologia de então poderiam produzir na vida de todos. Essa onda de revolução tecnológica em pouco tempo se estendeu a livros e séries televisivas baseados em belas histórias de ficção científica que nos faziam sonhar com um mundo não muito distante no qual robôs, novos planetas habitáveis e viagens intergalácticas fariam parte do nosso cotidiano.

Nessa época, apesar de ser bem pequena, me lembro de ter sido contagiada por essas expectativas fascinantes e ao mesmo tempo lúdicas. Desse período, o que de fato me marcou para sempre foram os programas de TV. Muitos deles ainda revejo hoje em dia, como os inesquecíveis *Jeannie é um gênio*, *Perdidos no espaço*, *O túnel do tempo*, *Terra de gigantes* e *Os Jetsons*. Não sei dizer quantas horas de lazer e imaginação vivi em frente da telinha, viajando em todas aquelas histórias.

É claro que minha mente infantil nem imaginava que toda aquela atmosfera de otimismo produzida a partir da "conquista" da Lua e suas derivações ficcionais só foi possível, em parte, por um forte marketing americano e pela alienação coletiva da humanidade. Ninguém ousava pensar em crise energética, hídrica, rede mundial de computadores, globalização, escassez dos recursos naturais e o grave comprometimento da saúde do planeta.

Os três heróis da missão Apollo 11 tiveram reações diversas após fazerem história. Armstrong preferiu manter sempre seus pés bem firmes no chão, de preferência em sua fazenda localizada no estado de Ohio. Evitava ao máximo falar sobre sua experiência espacial. Faleceu em 25 de agosto de 2012. Aldrin divorciou-se algumas vezes, sofreu de depressão e alcoolismo após deixar a carreira de astronauta em 1971. Sobre a recepção de seu pai quando retornou à Terra, recebeu apenas a dispensável e indelicada pergunta: "Por que você não foi o primeiro a pisar na Lua?". Collins, o único a não caminhar em território lunar, limitou-se a falar sobre a experiência uma única vez: "O melhor da comemoração é não dar entrevistas".

Apenas quatro meses após a primeira viagem à Lua, uma nova missão denominada Apollo 12 foi realizada por outros três astronautas: Charles Conrad, Alan Bean e Richard Gordon. Ao retornarem à Terra, Conrad foi trabalhar em grandes empresas de aviação e dizia que pediria demissão do cargo se tivesse que retornar ao espaço. Bean sempre falou da experiência com uma frase preparada para os questionamentos inevitáveis da imprensa: "Tive o privilégio de realizar um sonho". E Gordon falava abertamente sobre o impacto daquele feito: "Depois de uma viagem daquela natureza, todos os seus valores pessoais são questionados. De toda aquela excitação guardei dentro de mim uma imagem, o nosso planeta Terra, tão bonito e tão frágil". E disse mais tarde, quando entrevistado pela revista *Superinteressante*, em junho de 1989: "Quando perdi meu filho Jimmy aos 22 anos em um acidente de automóvel em 1982, compreendi o que sentira ao contemplar a solidão de nosso planeta visto da Lua. Fora dele é como se estivéssemos mortos". Confesso que a declaração de Gordon sempre me soou bem mais profunda do que à primeira vista poderia parecer. Hoje, tenho a impressão de que somente alguém com uma consciência mais ampla poderia correlacionar aquelas duas vivências e os sentimentos por elas produzidos, em especial a fragilidade humana diante do universo e da vida.

Expectativas, sonhos e realidade

Ao iniciar este último capítulo com a história da "conquista" da Lua, não quis, em hipótese alguma, desmerecer ou questionar essa proeza da humanidade. Minha intenção é despertar uma série de questionamentos para refletirmos sobre a tendência humana em se envolver em verdadeiras odisseias na busca pela felicidade individual e coletiva. O que fez 1 bilhão de pessoas parar sua vida na frente da TV e se colocar como testemunhas oculares do que se anunciava como o início de uma nova era? No fundo acho que todos queriam acreditar que, a partir de então, um novo futuro começaria e seus destinos não seriam mais limitados à vida na Terra, e sim repletos de novas e surpreendentes tecnologias e até moradas interplanetárias.

Nós, humanos, temos a tendência de fugir de tudo aquilo que possa nos tirar da zona de conforto vital ou abalar nossas certezas ilusórias. Lutamos ao máximo contra o sofrimento, tendemos a negar a única coisa certa em nossa vida: nossa finitude física. No entanto, no fundo de nossa essência sabemos que o estado de segurança e proteção absoluta só é possível nos meses de vida intrauterina. Mas insistimos em alimentar a ilusão de que existem poções ou momentos mágicos que serão capazes de nos devolver a paz absoluta e a sensação de felicidade constante. Assim, vivemos esperando a hora em que todos os problemas serão resolvidos, as dores anestesiadas, os desejos satisfeitos e as inseguranças eliminadas. Nesse contexto, a felicidade pode se transformar em um produto de efeito imediato como as substâncias e/ou comportamentos viciantes que prometem prazeres instantâneos, porém efêmeros. Ou ainda como um projeto de vida de médio ou longo prazo que deve ser conquistado com muito esforço e sacrifício. Na primeira hipótese, "fugimos" em viagens delirantes e/ou alucinatórias que nos escravizam em pouco tempo e nos deprimem em abstinências físicas e psicológicas com grandes doses de angústia e sofrimento. Na segunda, vivemos aguardando com resignação e paciência o dia em que seremos felizes de verdade após preenchermos todos os requisitos da felicidade supostamente garantida.

Em ambas as situações não temos nenhum tipo de segurança ou garantia, pois os vícios logram nossas energias e a nossa personalidade, e as idealizações de futuros promissores não passam de possibilidades que podem nunca acontecer ou pelo menos não ser nada daquilo que idealizamos. A reação dos astronautas das missões Apollo 11 e 12 nos dão uma ideia da incongruência e da imprevisibilidade entre o que desejamos que aconteça e aquilo que de fato ocorre.

A vida não tem manuais de instrução ou certificados de garantia. Ela não guarda um sentido lógico que possa nos assegurar um estado permanente de qualquer tipo de emoção ou sentimento. Viver é uma experiência cíclica, como o mar, as estações do ano, as fases da lua... assim como os ciclos que observamos na natureza. O problema é que esquecemos que fazemos parte dela e, assim, estamos sujeitos às suas leis. Ao contrário do que se propagava nas décadas de 1960 e 1970, não somos nós que dominamos a natureza, como se fôssemos seus donos. Somos parte integrante dela e por isso temos que aprender a ser e estar neste mundo. Não somos nem mais, nem menos do que tudo o que a constitui, mas insistimos em não aceitar esse fato e estabelecemos uma guerra doentia com a nossa essência. Se olharmos para a natureza ao nosso redor, veremos que ela é constituída de elementos químicos específicos, que tem uma espécie de inteligência autorreguladora e um poder infinito de se refazer, independentemente e/ou apesar de nossa interferência. Como seres da natureza, possuímos as mesmas características que ela, quer tenhamos consciência disso ou não. Não se trata de aceitação ou escolha. Essa é a nossa condição.

A realidade moderna do deprimir

A história documentada da humanidade deixa claro que a depressão sempre fez parte do comportamento de homens e mulheres. Diversas biografias de grandes artistas, cientistas, políticos, filósofos ou religiosos evidenciam isso.

Vulnerabilidades pessoais à parte, observamos que a humanidade sempre viveu momentos de desesperança gerados por fatores econômicos e sociais. Tais situações são absolutamente compreensíveis, afinal somos animais sociais e dotados de uma inteligência bastante complexa quando comparados com as demais espécies de seres vivos que habitam este planeta. A socialização é uma necessidade do ser humano, ele precisa do outro para ser único e subjetivo e, ao mesmo tempo, coletivo e transcendente. Por outro lado, ele possui funções cognitivas que lhe conferem o poder de raciocínio lógico e de solucionar os desafios da sobrevivência e da evolução. Por ser dotado ainda de livre-arbítrio, o homem pode fazer escolhas e sempre as faz. No entanto, nem sempre elas são movidas por nossa essência natural, pois nossas escolhas sofrem demasiada influência das próprias regras e crenças que regem as organizações sociais. O objetivo primário da organização humana em sociedade foram a colaboração e o somatório de forças para o desenvolvimento da espécie. Era para que todos pudessem ter mais chances de sobrevivência e desenvolvimento. Mas com o tempo esquecemos disso, e a sociedade tal como a vemos e vivenciamos hoje passou a produzir novos e diversos fatores que contribuem para o adoecimento de seus integrantes. Como espécie, ainda temos que aprender que grandes poderes como a inteligência e o livre-arbítrio trazem consigo também grandes desafios e responsabilidades.

Por razões pessoais e temporais vou me ater ao tempo atual, pois é nele que vivo e é nele que testemunho o crescente e assustador número de pessoas acometidas pela depressão. Segundo um estudo publicado pelo alemão Dahlke, em Berlim, em 2005, pessoas nascidas depois de 1956 apresentavam o dobro de chances de sofrer de doenças depressivas. Esse fato nos alerta para a influência marcante dos valores socioeconômicos da sociedade moderna, alicerçados na filosofia do individualismo e no sistema econômico do capitalismo ilimitado, e para o que são capazes de fazer com a saúde mental de seus integrantes.[1]

Me atrevo a dividir com vocês um pouco do meu olhar sobre os principais fatores que contribuem para a depressão ter al-

---

1. Ruediger Dahlke. *Der Mensch und die Welt sind eins* [O ser humano é inseparável do mundo].

cançado um grau de epidemia, especificamente nos últimos trinta anos. Que tipo de sociedade é a nossa, na qual mais e mais pessoas têm acesso a bens materiais e no entanto estão cada dia mais tristes, insatisfeitas e infelizes? A partir dessa perspectiva gostaria de destacar aspectos que considero essenciais ao entendimento dessa situação, tanto para uma análise individual quanto coletiva do fenômeno depressivo. O primeiro, e mais importante a meu ver, é a insensibilidade e o egoísmo das pessoas no mundo atual. Essas duas características parecem ter se tornado atributos desejáveis e necessários para que os indivíduos se sintam em vantagem seletiva e sejam vencedores em suas áreas de atuação. O segundo, e que é potencializado de maneira intensa pelo primeiro, é o nível de estresse cada vez mais elevado que todos os indivíduos vivenciam em suas rotinas profissionais e pessoais. E o terceiro, que observo de forma crescente, é a falta de um propósito existencial que conecte as pessoas com algo sagrado ou transcendente, capaz de pautar sua vida para além de seu universo limitado. É claro que existem pessoas mais suscetíveis a essas circunstâncias, mas uma coisa é certa: todos esses fatores exercem influência nefasta em qualquer ser humano, especialmente se forem de caráter intenso e recorrente. Somos feitos de carne, ossos, emoções, sentimentos e espírito, no entanto muitas vezes temos que agir como se fôssemos feitos de ferro ou aço. Por isso, suscetibilidades à parte, todo ser humano sofre as consequências dos valores e das práticas que regem a sociedade em que vivem. Não é por outra razão que muitos autores, e me incluo entre eles, afirmam que a depressão é a doença mais humana que existe, pois ela é típica de seres portadores da mágica e transcendente função denominada consciência. Função essa sobre a qual falei no capítulo "Razão e sensibilidade – um sentido chamado consciência", no livro *Mentes perigosas.*[2]

Vejo a consciência como a mais complexa e fascinante capacidade da mente humana. É por meio dela que nos identificamos como seres únicos e ao mesmo tempo empaticamente conectados aos demais. A consciência tem o potencial de se expandir de forma ilimitada como o próprio universo tem se revelado pelos estudos da física e da cosmologia. A expansão da consciência ocorre com o nosso próprio desenvolvimento pessoal por meio do conhecimento e principalmente pela sua utilização para a melhoria de nossas relações interpessoais. Quanto mais baseamos nossa vida em preceitos espirituais valorosos, mais expandimos nossa consciência que paulatinamente deixa de ser energia limitada a matéria cerebral para se somar à nossa própria essência espiritual, conforme expliquei no capítulo 11, "Depressão e espiritualidade".

De forma simples, entendo e vivencio a consciência como a nossa verdadeira capacidade de amar, não uma pessoa específica, mas a tudo e a todos. Uma consciência evoluída não é aquela que ama, e sim aquela que é o amor em si.

A grande característica da modernidade é a globalização. O mundo se tornou uma aldeia global numa velocidade nunca antes vista ou imaginada. A internet e suas redes sociais adquirem mais e mais adeptos, seres humanos de qualquer parte do planeta se conectam uns com os outros. Todavia, essa mesma internet costuma dificultar relacionamentos reais por se interpor entre as pessoas mais próximas com as quais deveríamos conviver mais, no velho estilo "olhos nos olhos", abraços, toques e

---

2. Ana Beatriz B. Silva. *Mentes perigosas.*

afagos. O que era para abolir barreiras externas, unir pensamentos diversos e promover o desenvolvimento mundial, se mostrou na prática um instrumento desencadeador de competitividade e concorrência entre as pessoas. A verdade nua e crua é que a globalização é utilizada em muitos casos para que corporações de diversos setores maximizem seus dividendos à custa da redução significativa da mão de obra regida pelas leis trabalhistas e do aumento obrigatório da produtividade dos funcionários restantes. Tudo funciona para que o sistema econômico predominante gere o seu bem maior, o lucro, acima de qualquer outro valor humano.

Nessa atmosfera, processos depressivos são estimulados a eclodir em ambos os lados: nos desempregados e nos profissionais remanescentes que passam a trabalhar muito mais e sob pressão intensa, e geralmente com manutenção ou redução de seus salários. Os economistas costumam utilizar nomes bonitos para designar essa triste realidade: reengenharia das pessoas ou promoção dos funcionários multitarefas.

Nesse contexto, trabalhadores se tornam quase animais competitivos que passam a tentar salvar sua pele, num espetáculo patético de insensibilidade e egoísmo da nossa espécie. É óbvio que isso torna a insatisfação e os níveis de estresse cada vez mais elevados no campo profissional. Com o tempo, todos os envolvidos nesse processo tendem a adoecer. Já os superprivilegiados do ponto de vista material ou financeiro são uma minoria de seres humanos que ganham muito: segundo a revista *Forbes*, em 2020 algo em torno de 0,7% da população mundial dominará e controlará toda a riqueza do planeta.[3] Do ponto de vista físico e psíquico, todos, eu disse todos, inclusive esses 0,7%, têm muito a perder.

No livro *Mentes consumistas*, escrevi que "o sociólogo inglês Richard Layard concluiu que os índices de satisfação vital cresciam significativamente com o aumento do PIB de uma nação. No entanto, esse crescimento só era claramente observado até o ponto em que a carência e a pobreza davam lugar à satisfação das necessidades essenciais de sobrevivência! A partir desse ponto, a sensação de felicidade deixa de subir e tende a decrescer, mesmo com novos incrementos em termos de riqueza".[4]

É fácil entender o aumento das doenças depressivas em pessoas que perdem seu emprego ou suas funções profissionais. Ou ainda naquelas que se veem sobrecarregadas em um trabalho cada vez mais estressante e desprovido de significado maior pessoal e/ou coletivo. No entanto, como observo, a onda depressiva tem atingido também muitas pessoas sobre as quais não paira nenhum tipo de necessidade material. Elas já possuem tudo de que precisam. Essa realidade é gritante na Alemanha (a maior economia da Europa e uma das maiores do mundo) e foi muito bem colocada pelo médico alemão Ruediger Dahlke em seu livro *Depressão: caminhos da superação da noite escura da alma*. Ele destaca que hoje existe uma parcela crescente de pessoas decepcionadas e depressivas na sociedade alemã. Números bem mais expressivos do que os observados durante as duas grandes guerras mundiais e nos períodos pós-guerra. Essa

---

3. Niall McCarthy. "15 países com maior número de milionários". Revista *Forbes*, de 15 de outubro de 2015.
4. Ana Beatriz B. Silva. *Mentes Consumista*, p. 179.

situação, aparentemente incoerente, pode ser perfeitamente compreendida pela ótica comportamental: quando estamos em situações de extrema necessidade, todos nossos impulsos se voltam para a sobrevivência, e a depressão não encontra força para emergir. Em situações pós-guerra, os seres humanos tendem a se comportar como "irmãos" pertencentes a uma mesma espécie, o que realmente são, mas se esquecem disso nos tempos de paz. Quando verdadeiras reconstruções precisam ser feitas, observamos uma sintonia entre as reações individuais e coletivas de um grupo social ou povo específico. O sofrimento e as necessidades de uma coletividade parecem unir as pessoas com um mesmo objetivo: sobreviver e reconstruir suas histórias.

Entre as décadas de 1960 e 1990, houve crescimento e esperança para os alemães. Hoje há uma abundância de bens materiais no país, mas o dinheiro está cada vez mais escasso, e o desemprego aumenta gradativamente com a modernização dos processos produtivos. O que vem acontecendo na Alemanha e em todos os países capitalistas que saíram na frente nos ciclos econômicos virtuosos gerados pela revolução industrial e tecnológica (Estados Unidos, Inglaterra, Japão, Suécia, entre outros) é um processo previsível se pensarmos que o sistema capitalista segue seu destino: produzir, vender e obter lucro. Assim, o dinheiro se concentra nas mãos dos produtores de bens de consumo, especialmente os industrializados e os de tecnologia. Os bancos que financiam grande parte desse processo também tendem a concentrar grandes quantias de dinheiro dessa engrenagem produtiva. Dessa forma, a capacidade de produção atinge um ponto em que a oferta de bens materiais é tanta que começa a haver uma escassez de consumidores efetivos para fazer frente a essa abundância de produtos. Inicia-se, então, uma espécie de desaquecimento de toda essa engrenagem.

Pessoas são demitidas, os funcionários que ficam tendem a adoecer por sobrecarga de trabalho, a economia começa a estagnar e a grande maioria das pessoas começa a se sentir insegura, desamparada e desesperançosa. Essa situação tende a criar uma atmosfera desanimadora em meio à massa trabalhadora da sociedade. A ilusão propagada pelos regimes econômicos capitalistas do crescimento ilimitado e da felicidade ascendente se revela um grande engodo dos tempos modernos. O sistema é falível e autolimitado do jeito que é estruturado. Dessa forma, ele conduz em tempos diversos a insatisfação de todos, ainda que por motivos diferentes. Os trabalhadores menos qualificados perdem as conquistas outrora sonhadas e duramente atingidas. Os profissionais mais atualizados e qualificados são promovidos, mas passam a ser mais exigidos e cobrados por meio de metas, muitas vezes inalcançáveis pela própria limitação do sistema. Com isso, elevam seus níveis de estresse de modo diário e intenso. Em momentos diferentes e de acordo com a vulnerabilidade de cada um, todos começam a apresentar doenças físicas e/ou psíquicas que tendem a se tornar crônicas, ocasionando a redução de suas taxas produtivas. A maioria deles acaba sendo substituída por profissionais mais jovens, que se mostram dispostos a encarar a desgastante rotina de trabalho para entrar no sistema. De maneira natural, novas "peças" tomam o lugar das que deram "defeito", e tudo segue para que a engrenagem capitalista se mantenha a qualquer custo.

Os mais afortunados, detentores de grandes somas de dinheiro, tendem a ganhar mais ainda com essas contradições e incertezas, pois deixam de investir em atividades produtivas e aplicam seus capitais nos mercados financeiros. Para esses, no entanto, outra realidade pode se apresentar: eles podem ter tudo o que desejam a qualquer tempo. Deveriam, portanto, sentir-se plenamente satisfeitos, uma vez que se encontram no topo da pirâmide social. Mas essas pessoas costumam apresentar-se deprimidas quando seus sonhos e desejos exclusivamente materiais se realizam.

De forma empírica, mas não menos consistente, tenho testemunhado essa realidade em minha prática clínica e também no convívio social e pessoal com diversas pessoas com as quais mantenho contato real e virtual por meio de palestras, consultorias e e-mails de leitores. Nesse amplo contato, também percebo essa tendência depressiva, onde a frustração, a sensação de vazio e a falta de propósito vital se mostram fatores essenciais no adoecimento dos indivíduos.

A dimensão interna da depressão

Segundo Zygmunt Bauman, vivemos numa modernidade líquida, e nesses tempos nada mais é estável nem suscita confiança ou segurança. Os amores são fugazes e perecíveis, os valores éticos e educacionais escorrem entre os dedos de pais desnorteados e/ou professores humilhantemente desvalorizados. A fé virou quase um objetivo financeiro a ser conquistado por instituições que usam e abusam de efeitos midiáticos para seduzir e incorporar mais fiéis. Os políticos conseguiram criar uma onda de repulsa e desprezo entre os eleitores. Nesse contexto, é natural que muitas vezes nos falte o chão diante de diversos momentos da vida em que somos tomados pela desesperança, pelo desânimo, pela apatia e pelo medo do futuro.

O que observo no comportamento humano de forma geral é a necessidade de ter a vida atrelada a um propósito. Sem um objetivo consistente, a vida deixa de seguir a essência da natureza, com a qual estamos interligados. A vida exige movimento constante, sem o qual tendemos à estagnação, e essa, por sua vez, é a essência da depressão. Pessoas estagnadas, independentemente de classe socioeconômica, são passíveis de desenvolver quadros depressivos, mesmo que de maneira camuflada ou mascarada. A saída para esses desafios existenciais está ligada à percepção e ao enfrentamento de nossas carências psíquicas e espirituais, que, na maioria absoluta dos casos, encontram-se encobertas por nossos estressantes afazeres diários e/ou pela falsa satisfação que os bens materiais nos proporcionam. Quando nos sentimos estagnados, nossas carências internas emergem e, se não forem elaboradas e enfrentadas no plano da consciência com o devido entendimento e superação, tenderão a se extravasar no corpo, na mente e no espírito. As doenças mais comuns do adoecimento do corpo são as cardíacas, diabetes, doenças autoimunes ou diversos tipos de câncer.

Entre as patologias que acometem a dimensão mental ou psíquica dos seres humanos, os transtornos depressivos e ansiosos são os mais frequentes em nossa sociedade e tendem a se associar ao adoecimento físico. A separação das dimensões física, mental e espiritual dos seres humanos tem papel meramente didático, pois essas dimensões interagem o tempo todo numa espécie de movimento existencial. Essa interação tridimensional nos obriga ao desenvolvimento da nossa dimensão espiritual, não como uma simples opção de credos ou rituais religiosos, mas como condição de sermos inteiros e verdadeiramente humanos.

Sob esse aspecto, a depressão é a doença em que percebemos com maior clareza o comprometimento do corpo, da mente e do espírito. O corpo padece com alterações do apetite, do sono, da energia e da capacidade imunológica; a mente é tomada por pensamentos negativos de culpa e incapacidade; e o espírito se aprofunda na escuridão do vazio, do desamor e da ausência de fé e propósito existencial.

Nenhuma outra doença é capaz de suscitar tantos questionamentos sobre a condição humana. A depressão nos obriga a nos deter diante da nossa própria vida. Ela acende o sinal vermelho do viver, explicitando as incongruências de nossas escolhas passadas e as armadilhas ilusórias presentes em caminhos que insistimos em trilhar, mesmo sabendo que eles não acrescentam nada à nossa evolução pessoal. Nesse sentido, ela funciona como uma viagem involuntária às nossas sombras pessoais e sociais. Enfrentá-las seria muito mais que restabelecer um simples bem-estar físico e psíquico. Encarar a depressão pode ser algo como atravessar a "noite escura" rumo a um crescimento espiritual real e ilimitado.

De modo empírico, percebo que não há limites para o crescimento do ser humano, pelo menos no que se refere ao seu aspecto físico ou material. No entanto, no que tange aos planos mental e espiritual somos livres e ilimitados. A estagnação é o oposto da vida; todos almejamos e necessitamos evoluir, a evolução faz parte de nossa existência, ainda que tenhamos medo ou limitações para seguir nesse sentido.

O grande problema é que a maioria das pessoas ainda não compreende e/ou não aceita essa condição da natureza e do próprio ser humano como parte integrante dela. Evoluir, renascer em vida, melhorar e se expandir mental e espiritualmente é inexorável. A negação desse fato leva aos comportamentos de boicote, que acabam promovendo desequilíbrio energético, e o adoecimento depressivo, que estanca nossos movimentos rumo à saúde física, mental e espiritual.

Essa humilde, mas sincera maneira de observar o sistema socioeconômico em que vivemos e a nossa forma de viver, ou melhor, de sobreviver, nesse contexto, me faz acreditar que a depressão epidêmica que acomete uma parcela significativa da população mundial deve ser encarada como uma doença que nos alerta para as mudanças necessárias e urgentes que devemos seguir. Se nosso destino é o crescimento, e se o crescimento material é limitado, nos cabe abrir novos caminhos na direção da nossa essência interna. Essa, sim, ilimitada e capaz de nos conduzir a uma felicidade autêntica e duradoura. No entanto, para que esse movimento represente um passo real na evolução humana, ele deve se estender à sociedade como um todo.

No aspecto individual, temos que reunir todas as nossas forças para buscar novos paradigmas de felicidade. Precisamos cuidar com dedicação de nossa saúde física, para que nosso corpo possa abrigar com aconchego toda a nossa engrenagem psíquica e espiritual. Não somos um corpo que possui uma mente e um espírito. Na verdade, somos um espírito que tem provisoriamente um corpo que possui um cérebro capacitado para desenvolver nossa mente e nossa consciência.

As experiências psíquicas geradas nesta vida serão para sempre armazenadas em nossa alma, para que possamos evoluir indefinidamente. E a única maneira de fazer isso de forma eficaz e crescente é por meio do exercício diário de emoções, pensamentos e, especialmente, ações ou comportamentos que tenham como base o amor por si, por todos e por tudo. O amor como propósito do viver é a estrada mais segura e rápida para a nossa evolução espiritual, pois somente ele é capaz de proporcionar a paz de espírito: esse sentimento de percepção única e intransferível que nos dá a certeza intuitiva de que estamos em sintonia com o que há de mais forte e poderoso no universo. Existem diversos caminhos que podem conduzir uma pessoa à experiência individual de sentir paz de espírito. Todos esses caminhos devem ser respeitados; alguns chegarão a esse estado por estudos específicos, muitos por meio de uma determinada religião, outros pela prática de técnicas de relaxamento, meditação ou ainda contemplação da natureza ou mesmo pela prática de ações altruístas relacionadas à ajuda de enfermos e/ou portadores de necessidades especiais. Seja lá qual for o caminho escolhido, todos eles serão capazes de conduzi-lo ao estado de espírito onde tudo se torna compreensível, confortante e restaurador, desde que o amor seja o combustível a abastecer nossas almas e, ao mesmo tempo, a direção para onde devemos seguir até o dia em que não mais sentiremos o amor, mas seremos o próprio a pulsar eternamente.

No que tange ao aspecto coletivo ou social, mudanças de paradigmas também serão necessárias, no entanto as soluções sociais envolvem uma complexa engrenagem que inclui: mudanças nos aspectos populacional, econômico e estrutural das organizações públicas e particulares. As mudanças nesses territórios da sociedade costumam despertar medo e até pânico na população em geral e tendem a ser atacadas e mesmo inviabilizadas por determinados grupos detentores de situações financeiras extremamente confortáveis e estáveis, ainda que totalmente desprovidas de um senso mínimo de fraternidade.

De forma semelhante à busca individual de nossa paz de espírito, como cidadãos temos que nos unir na busca social de uma realidade que seja mais compatível com a saúde das pessoas e da natureza. A energia produtiva gerada pelo não adoecimento ou pela regeneração do bem-estar dos indivíduos. E, também, por práticas que preservem a natureza. Essas ações por si só seriam capazes de produzir força motriz geradora de um novo ciclo de crescimento econômico, real e estável, pois ele estaria pautado na essência consciente de nossa condição humana, materialmente finita mas espiritualmente coletiva e eterna.

Ao conduzirmos nossa vida pautada nesses valores essenciais e regeneradores, daremos maior sentido e propósito ao nosso viver. Não nos restringiremos ao egoísmo e à insensibilidade dos propósitos meramente imediatos e fugazes de nossos tempos. Poderemos assim, ser melhores como indivíduos e como coletividade.

Chego a pensar que a depressão pode se constituir em um grande mergulho na escuridão interna dos indivíduos e da sociedade, uma espécie de grito de socorro perante nossas necessidades reais e essenciais. Ela retrata uma forma de viver que insiste em nos reduzir a meros números em estatísticas coletivas.

Precisamos entender de maneira consciente que nossa vida individual e o funcionamento socioeconômico como um todo não podem continuar como estão, e que os altos e crescentes índices dos transtornos depressivos nos sinalizam isso a cada dia. Seja em nossa vida particular, seja em nossa vivência coletiva, estamos no limite, como se nos equilibrássemos em cordas bambas sem redes de proteção capazes de nos amparar em quedas estatisticamente previsíveis. As mudanças urgem e encontram na depressão um grito existencial que insistimos em não ouvir.

Ao me recordar das reações pouco entusiasmadas dos astronautas das missões Apollo 11 e 12, presumo que a experiência espacial tenha suscitado neles sentimentos e questionamentos típicos de uma vivência depressiva: medo, insegurança e impotência. Tudo vivenciado de maneira intensa em um curto espaço de tempo. Como disse Gordon, da Apollo 12: "Depois de uma viagem daquela natureza, todos os seus valores são questionados". Talvez os processos depressivos individuais e coletivos tenham exatamente esse propósito: o de nos conduzir a mudanças comportamentais profundas alicerçadas em valores mais humanos somente perceptíveis quando visitamos o vazio escuro de nosso interior pessoal. Somente no silêncio de nossa dimensão espiritual podemos encontrar o espaço para a ressurgência luminosa do amor imaterial, transcendente e atemporal.

Realizar a viagem de ida (voluntária ou não) e, especialmente a de volta de nossos vazios existenciais, na minha opinião, é o feito mais revolucionário que podemos realizar em nossa vida.

Bibliografia

AMERICAN MEDICAL ASSOCIATION. *Guia essencial da depressão: um quadro abrangente da depressão, suas causas e tratamentos, com rigor científico da Associação Médica Americana.* São Paulo: Aquariana, 2002.

AMERICAN PSYCHIATRIC ASSOCIATION. *Diagnostic and statistical manual of mental disorders.* 15. ed. American Psychiatric Publishing , 2013.

ASSOCIAÇÃO MÉDICA BRASILEIRA. "Diretrizes AMB". Disponível em: <http://diretrizes.amb.org.br/> Acesso em: ago. 2016.

BAPTISTA, Malikim Nunes. *Suicídio e depressão: atualizações.* Rio de Janeiro: Guanabara Koogan, 2004.

BAUMAN, Zygmut. *Modernidade líquida.* Rio de Janeiro: Jorge Zahar, 2001.

BEEKMAN, A. T; COPELAND, J. R. & PRINCE, M. J. "Review of community prevalence of depression in later life". *The British Journal of Psychiatry,* vol. 174, pp. 307-11.

BITTENCOURT, A. C. C. P.; ALMEIDA NETO, E. C.; RODRIGUES, M. E.; ARARIPE, N. B. et al. *Depressão: psicopatologia e terapia analítico-comportamental.* 2. ed. Curitiba: Juruá, 2015.

CABOT, S. *Sofrer não é viver: como superar a ansiedade, a depressão e o estresse.* São Paulo: Fundamento Educacional, 2014.

CAPRA, Fritjof. *O ponto de mutação: a ciência, a sociedade e a cultura emergente.* Trad. Álvaro Cabral. São Paulo: Cultrix, 2007.

CFM. RESOLUÇÃO CFM n. 1.986/2012. Publicada no D.O.U. de 2 de maio de 2012, Seção I, p. 88.

CFM. RESOLUÇÃO CFM n. 2.057/2013. Publicada no D.O.U. de 12 de novembro de 2013, Seção I, pp. 165-71.

CHESTERTON, G. K. *São Tomás de Aquino e São Francisco de Assis.* Trad. André Oides Matoso e Silva. São Paulo: Madras, 2012.

CHOPRA, Deepak. *A cura quântica.* Trad. Evelyn Massaro e Marcília Britto. 48. ed. Rio de Janeiro: BestSeller, 2013.

_____. *As sete leis espirituais do sucesso: um guia prático para a realização de seus sonhos.* Trad. Vera Caputo. 38. ed. São Paulo: BestSeller, 2003.

COIMBRA DE MATOS, A. *A depressão.* 2. ed. São Paulo: Climepsi, 2014.

CORDÁS, T. A. *Depressão: da bile negra aos neurotransmissores – uma introdução histórica.* São Paulo: Lemos, 2002.

DA SILVA, J. R. & MALBERGIER, A. *A depressão e a adesão ao tratamento da infecção pelo HIV (vírus da imunodeficiência humana).* Dissertação apresentada à Faculdade de Medicina da Universidade de São Paulo para obtenção do título de Mestre em Ciências. São Paulo, 2015.

DAHLKE, Ruediger. *Der Mensch und die Welt sind eins.* Berlim: Ullstein, 2005.

DAHLKE, Ruediger & DAHLKE, Margit. *Depressão: caminhos de superação da noite escura da alma.* São Paulo: Cultrix, 2006.

DEROGATIS L. R. et al. "The prevalence of psychiatric disorders among cancer patients". *JAMA,* vol. 6, n. 249, pp. 751-7, 1983.

DOCKETT. L. *Mulheres que enfrentaram a depressão: 30 depoimentos de quem saiu do fundo do poço.* Rio de Janeiro: Nova Era, 2001.

EL-MALLAKH, RIF. S. & GHAEMI, S. Nassir. *Depressão bipolar: um guia abrangente.* Trad. Cristina Monteiro. Curitiba: Artmed, 2008.

FLEITLICH-BILYK, B. & GOODMAN, R. "Child and adolescent psychiatric disorders in southeast Brazil". *Journal of the American Academy of Child and Adolescent Psychiatry,* vol. 6, n. 43, pp. 727-34, 2004.

FOX, E. *Cérebro cinzento, cérebro ensolarado: como retreinar o seu cérebro para superar o pessimismo e alcançar uma perspectiva mais positiva na vida.* Trad. Claudia Gerpe Duarte e Eduardo Gerpe Duarte. São Paulo: Cultrix, 2014.

FRUCTUOSO, P. C. *A face oculta da medicina.* 4. reimp. Org. Educandário Social Lar de Frei Luiz. Redb Style Produções Gráficas Ltda., 2013.

GOLEMAN, Daniel. "A rising cost of modernity: depression". *New York Times,* 8 dez. 1992.

GONÇALVES, Juliane P. B. et al. "Avaliação da prática de terapia complementar espiritual/religiosa em saúde mental". *Revista Debates em Psiquiatria,* nov.-dez. pp. 21-7, 2015.

GREENE, Brian. *A realidade oculta: universos paralelos e as leis profundas do cosmo.* Trad. José Viegas. São Paulo: Companhia das Letras, 2012.

GRÜN, A. *O tratamento espiritual da depressão.* 4. ed. Petrópolis: Vozes, 2009.

HEE-JU KANG, "Comorbidity of depression with physical disorders: research and clinical implications". *Chonnam Medical Journal,* vol. 1, n. 51, pp. 8-18, abr. 2015.

JACKSON-TRICHE, M.; WELLS, K. B. & MINNIUM, K. *Vencendo a depressão: a jornada da esperança.* São Paulo: M. Books do Brasil, 2003.

JEHN C. F., et al.: "Biomarkers of depression in cancer patients". *Cancer,* vol. 11, n. 107; pp. 2723-9, 2006.

KESSLER, R. et al. "The epidemiology of major depressive disorder: results from the national comorbidity survey replication". *Journal of the American Medical Association,* vol. 23, n. 289, pp. 3095-105, jun. 2003.

KINGMA, D. R. *Por que as pessoas que amamos nos levam à loucura: os 9 tipos de personalidade nos relacionamentos.* Trad. Carmem Fisher. São Paulo: Cultrix, 1999.

KLERMAN, Gerald M. & WEISSMAN, Myrna. "Increasing rates of depression". *Journal of the American Medical Association,* vol. 15, n. 261, pp. 2229-35, 1989.

KOENIG H. G.; KING, D. & CARSON, V. B. *Handbook of religion and health.* Nova York: Oxford University Press, 2012.

KRAMLINGER, K. *Depressão pesquisada e comentada pela Clínica Mayo: como entender, reconhecer e lidar com a depressão.* Trad. A. L. Rio de Janeiro: Anima, 2004.

LACERDA, A. L. T.; QUARANTINI, L. C.; MIRANDA-SCIPPA, A. M. A.; DEL PORTO, J. A. et al. *Depressão: do neurônio ao funcionamento social.* Porto Alegre: Artmed, 2009.

LANDEIRA-FERNANDEZ, J. & CHENIAUX, E. *Cinema e loucura: conhecendo os transtornos mentais através dos filmes.* Porto Alegre: Artmed, 2010.

LEADER, D. *Além da depressão: novas maneiras de entender o luto e a melancolia.* Trad. Fátima Santos. Rio de Janeiro: BestSeller, 2011.

LEAHY, R. L. *Vença a depressão: antes que ela vença você.* Porto Alegre: Artmed, 2015.

LICINIO, J , Wong, M.-L. et. al. *Biologia da depressão.* Trad. Ronaldo Cataldo Costa. Porto Alegre: Artmed, 2007.

LOPES, C. P. *Práticas criativas de arteterapia como intervenção na depressão: Memórias da Pele.* Petrópolis: Vozes, 2014.

LUCAS, C. Ferreira, S. *Depressão: muito para além da tristeza.* São Paulo: Climepsi, 2014.

LUSSKIN, S. I.; PUNDIAK, T. M. & HABIB, S. M. "Perinatal depression: hiding in plain sight". *Canadian Journal of Psychiatry,* vol. 8, n. 52, pp. 479-88.

Macdonald, Y.H.R. *Divagar, devagar: depressão e criatividade: uma interface entre psicologia, música, poesia, cinema, mitologia e alquimia.* Curitiba: Appris, 2013.

Magueijo, J. *Mais rápido que a velocidade da luz: a história de uma especulação científica.* Trad. Paulo Ivo Teixeira. Rio de Janeiro: Record, 2003.

Malbergier, A. & Schöffel, A. C. "Tratamento de depressão em indivíduos infectados pelo HIV". *Revista Brasileira Psiquiátrica,* vol. 3, n. 23, pp. 160-7, 2001.

Mandel, M. J. *Depressão.com.* Trad. Ryta Vinagre. Rio de Janeiro: Record, 2001.

Miller, Jeffrey A. *O livro de referência para a depressão infantil.* Trad. Marcel Murakama Iha. São Paulo: M. Books, 2003.

Ministério da Saúde – Secretaria de Vigilância em Saúde – Departamento de DST, Aids e Hepatites Virais, *Boletim Epidemiológico* HIV/AIDS. ano III, n. 1, 2013-2014.

————. *Manual de prevenção do suicídio dirigido aos profissionais de saúde mental,* 2006.

Monteiro, Dulcinéia da Mata Ribeiro. *Depressão e envelhecimento: saídas criativas.* Rio de Janeiro: Reiventer, 2002.

Moreira-Almeida, Alexander. "Religion and health: the more we know the more we need to know". *World Psychiatry,* vol. 12, pp. 37-8, 2013.

Moreira-almeida, Alexander; Koenig, Harold G. & Lucchetti, Giancarlo. "Clinical implications of spirituality to mental health: review of evidence and practical guidelines". *Revista Brasileira de Psiquiatria,* vol. 36, pp. 176-82, 2014.

Moussavi, S. et al. "Depression, chronic diseases, and decrements in health: results from the World Health Surveys". *Lancet,* n. 370, pp. 851-8, set. 2007.

National Cancer Institute. "Depression (PQD) – Health professional version. Disponível em: <http://www.cancer.gov/about-cancer/coping/feelings/depression-hp-pdq#cit/section_1.4>. Acesso em: ago. 2016.

O'Connor, Richard. *Vencendo a depressão.* Trad. Jeanne Rangel. Curitiba: Nossa Cultura, 2011.

OMS. "Global status report on noncommunicable diseases 2014". Disponível em: <http://www.who.int/nmh/publications/ncd-status-report-2014/en/>. Acesso em: ago. 2016.

Pierrakos, E. *O caminho da autotransformação (The pathwork of self-transformation).* 16. reimp. São Paulo: Cultrix, 2014.

Revista Saúde. "O remédio está na fé". Ed. Abril, n. 371, 2013.

Rohden, H. *Por que sofremos.* São Paulo: Martin Claret, 2004.

Rosenthal, N. E. *Transcendência: como alcançar a cura e a transformação por meio da meditação.* Trad. Thaïs Costa. São Paulo: Prumo, 2012.

Rudisch, B. & Nemeroff, C. B. "Epidemiology of comorbid coronary artery disease and depression". *Biol Psychiatry*, vol. 3, n. 54, pp. 227-40, ago. 2003.

São João Da Cruz. *Obras completas de São João da Cruz*. 7. ed. Petrópolis: Vozes, 2002.

Savioli, Roque Marcos. *Depressão: onde está Deus?*. São Paulo: Gaia, 2004.

Sene-Costa, E. *Universo da depressão: histórias e tratamentos pela psiquiatria e pelo psicodrama*. São Paulo, Ágora, 2006.

Servan-Schreiber, D. *Curar...: o stress, a ansiedade e a depressão sem medicamento nem psicanálise*. Trad. Luis Manuel Louceiro. 30. ed. São Paulo: Sá Editora, 2004.

Silva, Ana Beatriz B. *Corações descontrolados: ciúmes, raiva, impulsividade. O jeito borderline de ser*. 2. ed. Rio de Janeiro: Objetiva, 2010.

_____. *Mentes ansiosas: medo e ansiedade além dos limites*. Rio de Janeiro: Fontanar, 2011.

_____. *Mentes consumistas: do consumo à compulsão por compras*. São Paulo: Principium, 2014.

_____. *Mentes e manias*. São Paulo: Gente, 2004.

_____. *Mentes inquietas – TDAH: desatenção, hiperatividade e impulsividade*. 4. ed. São Paulo: Principium, 2014.

_____. *Mentes insaciáveis*. Rio de Janeiro: Ediouro, 2005.

_____. *Mentes perigosas: o psicopata mora ao lado*. São Paulo: Principium, 2014.

Silva, Ana Beatriz B. & Ximenez, Lya. "EMTR – Estimulação magnética transcraniana repetitiva". Disponível em: <http://draanabeatriz.com.br/?p=874>. Acesso em: ago. 2016.

Silva, J. R. & Malbergier, A. "A depressão e a adesão ao tratamento da infecção pelo HIV (vírus da imunodeficiência humana)". Dissertação apresentada à Faculdade de Medicina da Universidade de São Paulo para obtenção do título de Mestre em Ciências. São Paulo, 2015.

Silverton, S. *Viver Agora: um programa revolucionário de combate ao estresse, à ansiedade e à depressão*. Trad. Daniel Miranda. São Paulo: Alaúde, 2012.

Slivnik, A. *O poder da atitude: como empresas com profissionais extraordinários encantam e transformam clientes em fãs*. 5. ed. São Paulo: Gente, 2012..

Solomon, A. *O demônio do meio-dia: uma anatomia da depressão*. Trad. Myriam Campello. São Paulo: Companhia das Letras, 2014.

Stahl, S. M. *Psicofarmacologia: depressão e transtornos bipolares*. Medsi Editora Médica e Científica Ltda., 2003.

Teixeira M. J. "Dor e depressão". *Revista Neurociências*, vol. 2, n. 14, pp. 044-053, 2006.

TEIXEIRA, P. R.; PAIVA, V. & SHIMMA, A. *Tá difícil de engolir? Experiências de adesão ao tratamento antirretroviral em São Paulo*. Ministério da Saúde/DST aids, 2000.

TENG, C. T.; HUMES, E. C. & DEMETRIO, F. N. "Depressão: comorbidades clínicas". *Revista Psiquiatria Clínica*, vol. 3, n. 32, pp. 149-59, 2005.

THASE, Michael E. "Long-term nature of depression". *Journal of Clinical Psychiatry*, vol. 14, n. 60, pp. 3-35, 1999.

THASE, M. E. & Lang S. S. *Sair da depressão: novos métodos para superar a distimia e a depressão branda crônica*. Trad. Cristiana de Assis Serra. Rio de Janeiro: Imago, 2005.

TOLLE, E. *Praticando o poder do agora: ensinamentos essenciais, meditações e exercícios de O Poder do Agora*. Rio de Janeiro: Sextante, 2005.

TRAUCZYNSKI, Alana. *Recalculando a rota: uma longa jornada em busca de propósito*. São Paulo: Goya, 2015.

TREVISAN, L. *O velho monge do castelo: a cura da depressão pela Bíblia*. Santa Maria: Mente, 2010.

TRIGUEIRO, A. *Viver é a melhor opção: a prevenção do suicídio no Brasil e no mundo*. São Paulo: Espírita Correio Fraterno, 2015.

VERTZMAN, J. S. *Tristeza e depressão: pensando nos problemas da vida*. Petrópolis: Vozes, 1995.

WALLACE, A. A. *Ciência contemplativa: onde o budismo e a neurociência se encontram*. Trad. Carmem Fischer. São Paulo: Cultrix, 2009.

WARAICH, P. et al. "Prevalence and incidence studies of mood disorders: a systematic review of the literature". *Canadian Journal of Psychiatry. Revue Canadienne De Psychiatrie*, vol. 2, n. 49, pp. 124-385, fev. 2004.

WEBMED. "Light shed on link between depression, dementia". Disponível em: <http://www.webmd.com/depression/news/20140730/scientists-shed-light-on-link-between-depression-dementia> Acesso em: ago. 2016.

WEISSMAN, Myrna et al. "The changing rate of major depression". *Journal of the American Medical Association*, vol. 21, n. 268, pp. 3098-15, 1992.

WILSON, R. S. et al. "Clinical-pathologic study of depressive symptoms and cognitive decline in old age". *Neurology*, vol. 8, n. 83, pp. 702-9, ago. 2014.

WONDRACECEK, K.; HOCH, L. C. & HEIMANN, T. (orgs.) *Sombras da alma: tramas e tempos da depressão*. Rio Grande do Sul: Sinodal, 2012.

XAVIER, F. C. & Vieira W. *Evolução em dois mundos: pelo espírito André Luiz*. Rio de Janeiro: Federação Espírita Brasileira – Departamento Editorial e Gráfico, 1958.

YAPKO, Michael D. *Compreendendo a depressão: 75 perguntas e respostas*. Trad. Angela de Oliveira Castro. Belo Horizonte: Diamante, 2007.

ZOHAR, Danah & MARSHALL, I. *Capital espiritual: usando as inteligências racional, emocional e espiritual para realizar transformações pessoais e profissionais.* Trad. Evelyn Kay Massaro. São Paulo: BestSeller, 2006.

ZOHAR, D. & MARSHALL, I. *Sociedade quântica: a promessa revolucionária de uma liberdade verdadeira.* Trad. Luiz A. de Araújo. 3. ed. São Paulo: BestSeller, 2008.

Contatos da
Dra. Ana Beatriz Barbosa Silva

Homepage: www.draanabeatriz.com.br
E-mail: contato@draanabeatriz.com.br
abcomport@gmail.com
Twitter: twitter.com/anabeatrizpsi
Facebook: facebook.com/anabeatriz.mcomport
YouTube: youtube.com/anabeatrizbsilva
Instagram: instagram.com/anabeatriz11

Este livro, composto na fonte fairfield,
foi impresso em papel offset 90g na gráfica Intergraf.
São Paulo, maio de 2017.